35 Controversial French Conversations

French Interlinear Reader

Brian Smith

Démocratie vs. Monarchie

Maxime : Alors, tu penses vraiment que la démocratie est le meilleur système ?

Maxime: So, you really think democracy is the best system?

Sophie : Absolument ! La démocratie permet à tout le monde de s'exprimer, de voter, de participer aux décisions importantes. C'est le pouvoir du peuple, non ?

Sophie: Absolutely! Democracy allows everyone to express themselves, vote, and participate in important decisions. It's the power of the people, right?

Maxime : Mais est-ce vraiment le peuple qui décide ? Regarde les lobbies, les grands groupes financiers. Ils ont plus de pouvoir que n'importe quel citoyen ordinaire.

Maxime: But is it really the people who decide? Look at the lobbies, the big financial groups. They have more power than any ordinary citizen.

Sophie : C'est vrai qu'il y a des imperfections, mais c'est toujours mieux qu'une monarchie où le pouvoir est concentré entre les mains d'un seul individu ou d'une famille.

Sophie: It's true there are imperfections, but it's still better than a monarchy where power is concentrated in the hands of one individual or one family.

Maxime : Je ne suis pas d'accord. Une monarchie, surtout constitutionnelle, peut être un système stable et efficace. Le roi ou la reine ne décide pas tout seul, il y a un gouvernement qui équilibre les choses. Et puis, une monarchie a un symbole fort d'unité nationale, quelque chose que la démocratie n'a pas.

Maxime: I disagree. A monarchy, especially a constitutional one, can be a stable and effective system. The king or queen doesn't decide alone, there's a government to balance things. And a monarchy has a strong symbol of national unity, something democracy lacks.

Sophie : Unité nationale ? Mais la monarchie, c'est juste un système archaïque basé sur des privilèges de naissance. Pourquoi un roi ou une reine aurait-il plus de légitimité qu'un citoyen ordinaire ?

Sophie: National unity? But monarchy is just an archaic system based on birth privileges. Why should a king or queen have more legitimacy than an ordinary citizen?

Maxime : Parce que ce n'est pas juste une question de légitimité. C'est une institution qui traverse les siècles, qui donne de la stabilité. Les présidents changent tous les cinq ans, avec leurs idées et leurs agendas. Un monarque, lui, incarne une continuité.

Maxime: Because it's not just about legitimacy. It's an institution that spans centuries, providing stability. Presidents change every five years with their ideas and agendas. A monarch, on the other hand, represents continuity.

Sophie : Oui, mais à quel prix ? Les décisions doivent être prises par le peuple, pas par des élites ou des dirigeants héréditaires. Dans une démocratie, les citoyens ont leur mot à dire.

Sophie: Yes, but at what cost? Decisions should be made by the people, not by elites or hereditary rulers. In a democracy, citizens have their say.

Maxime : Et ils le disent vraiment, tu crois ? La majorité des gens ne votent même pas, et ceux qui votent sont souvent désabusés par les politiques. Dans une monarchie constitutionnelle, au moins, il y a un cadre clair et stable.

Maxime: And do they really have their say, do you think? The majority of people don't even vote, and those who do are often disillusioned by politicians. In a constitutional monarchy, at least, there's a clear and stable framework.

Sophie : Ça me fait sourire. Tu parles de stabilité, mais l'histoire nous montre que les monarchies ont conduit à des guerres civiles, des révolutions... Quand le pouvoir est trop concentré, ça finit toujours mal.

Sophie: That makes me smile. You talk about stability, but history shows us that monarchies have led to civil wars, revolutions... When power is too concentrated, it always ends badly.

Maxime : C'est vrai, il y a eu des excès. Mais la démocratie n'est pas exempte de défauts non plus. Regarde les crises politiques, l'instabilité gouvernementale dans certains pays. Et puis, avec les réseaux sociaux, la manipulation de masse est encore plus facile.

Maxime: That's true, there have been excesses. But democracy is not free from flaws either. Look at the political crises, governmental instability in some countries. And with social media, mass manipulation is even easier.

Sophie : Là-dessus, je suis d'accord. Mais ça n'enlève pas le fait que la démocratie est l'expression la plus juste de la volonté populaire. Même imparfaite, c'est un système qui permet d'évoluer.

Sophie: On that, I agree. But it doesn't change the fact that democracy is the fairest expression of the people's will. Even if imperfect, it's a system that allows for progress.

Maxime : Peut-être. Mais je pense qu'une monarchie bien pensée, avec des institutions solides, peut offrir la même stabilité et un cadre moral fort, sans pour autant sacrifier les libertés individuelles.

Maxime: Maybe. But I think a well-designed monarchy, with strong institutions, can offer the same stability and a strong moral framework, without sacrificing individual freedoms.

Sophie : Encore faut-il que cette monarchie soit "bien pensée". Et l'histoire nous montre qu'elle ne l'est que très rarement...

Sophie: That monarchy needs to be "well-designed" though. And history shows us that it very rarely is...

Maxime : Peut-être, mais il y a des exemples de monarchies modernes qui fonctionnent bien, comme au Royaume-Uni ou dans les pays scandinaves. On ne peut pas les ignorer.

Maxime: Maybe, but there are examples of modern monarchies that work well, like in the UK or the Scandinavian countries. We can't ignore them.

Sophie : C'est vrai. Mais personnellement, je préfère un système où chaque citoyen a le pouvoir de changer les choses, même si c'est plus chaotique parfois.

Sophie: That's true. But personally, I prefer a system where each citizen has the power to change things, even if it's a bit more chaotic sometimes.

Fascisme vs. Socialisme

Mathieu : Tu trouves vraiment que le socialisme est une solution viable aujourd'hui ?

Mathieu: Do you really think socialism is a viable solution today?

Julien : Oui, absolument. C'est une idéologie qui prône la justice sociale, la répartition des richesses et la fin des inégalités. Dans un monde aussi inégalitaire que le nôtre, c'est une nécessité.

Julien: Yes, absolutely. It's an ideology that advocates social justice, wealth redistribution, and the end of inequality. In a world as unequal as ours, it's a necessity.

Mathieu : Mais à quel prix ? Regarde les régimes socialistes du XXe siècle, ils ont tous conduit à des dictatures ou à des échecs économiques massifs. Le socialisme en théorie, ça semble bien, mais en pratique, ça ne marche jamais.

Mathieu: But at what cost? Look at the socialist regimes of the 20th century, they all led to dictatorships or massive economic failures. Socialism in theory sounds good, but in practice, it never works.

Julien : Je ne dis pas que tout a été parfait, mais le problème n'est pas le socialisme en lui-même, c'est l'application qui en a été faite. Il faut voir au-delà des expériences ratées. Le capitalisme actuel ne fait qu'accentuer les inégalités.

Julien: I'm not saying everything was perfect, but the problem isn't socialism itself, it's how it was applied. We need to look beyond the failed experiments. Current capitalism only deepens inequality.

Mathieu : Le capitalisme a ses défauts, certes, mais il a aussi sorti des millions de personnes de la pauvreté. Et puis, le socialisme tend toujours vers l'autoritarisme. On l'a vu avec l'Union soviétique, la Chine maoïste... C'est inévitable.

Mathieu: Capitalism has its flaws, certainly, but it has also lifted millions out of poverty. And socialism always tends towards authoritarianism. We saw that with the Soviet Union, Maoist China... It's inevitable.

Julien : Attends, tu me parles d'autoritarisme alors que le fascisme est littéralement un système qui impose une dictature ! C'est toi qui devrais te poser des questions sur la direction que prend une société sous le fascisme.

Julien: Wait, you're talking to me about authoritarianism when fascism is literally a system that imposes a dictatorship! You're the one who should question where society heads under fascism.

Mathieu : Le fascisme est avant tout un mouvement qui vise à renforcer l'État, à unir la nation sous une seule bannière. Dans des moments de crise, c'est ce dont un pays a besoin, pas d'idéologies qui divisent comme le socialisme. Le fascisme peut apporter de la stabilité et de l'ordre.

Mathieu: Fascism is primarily a movement aimed at strengthening the state, uniting the nation under one banner. In times of crisis, that's what a country needs, not divisive ideologies like socialism. Fascism can bring stability and order.

Julien : De l'ordre, vraiment ? En réprimant toute opposition, en éliminant les libertés individuelles ? Le fascisme n'apporte que de la souffrance et de la violence. On parle de génocides, de guerres, de régimes répressifs. Tu penses que c'est la solution ?

Julien: Order, really? By repressing all opposition, eliminating individual freedoms? Fascism only brings suffering and violence. We're talking about genocides, wars, repressive regimes. Do you think that's the solution?

Mathieu : Je ne dis pas que tout est bon à prendre, mais un État fort est parfois nécessaire. Regarde les crises migratoires, la montée du terrorisme... Le fascisme peut offrir une réponse ferme là où les démocraties socialistes sont trop faibles.

Mathieu: I'm not saying everything about it is good, but a strong state is sometimes necessary. Look at migration crises, the rise of terrorism... Fascism can offer a firm response where socialist democracies are too weak.

Julien : Donc tu crois qu'en restreignant les libertés et en renforçant l'autorité, tout ira mieux ? Le fascisme ne fait que diviser encore plus la société en créant des ennemis imaginaires. C'est la voie vers la destruction, pas la réconciliation.

Julien: So, you think by restricting freedoms and strengthening authority, everything will be better? Fascism only divides society further by creating imaginary enemies. It's a path to destruction, not reconciliation.

Mathieu : Et le socialisme, c'est quoi alors ? Une utopie où tout le monde est égal, mais où personne ne peut vraiment prospérer ? Sous le socialisme, l'individu est sacrifié au profit du collectif. C'est l'opposé de la liberté.

Mathieu: And what is socialism then? A utopia where everyone is equal, but no one can truly prosper? Under socialism, the individual is sacrificed for the collective. It's the opposite of freedom.

Julien : Non, c'est justement l'individu qu'on veut protéger dans une société socialiste. Protéger contre l'exploitation, contre l'avidité des puissants. La liberté individuelle n'a de sens que si elle est accompagnée de justice sociale.

Julien: No, it's precisely the individual we want to protect in a socialist society. Protect from exploitation, from the greed of the powerful. Individual freedom only has meaning if accompanied by social justice.

Mathieu : Mais cette "justice sociale", comme tu l'appelles, a toujours été imposée par la force. Le fascisme, au moins, est clair sur sa méthode : l'État contrôle tout pour garantir la survie de la nation. Pas d'illusions sur un monde parfait.

Mathieu: But this "social justice", as you call it, has always been imposed by force. Fascism, at least, is clear about its method: the state controls everything to ensure the nation's survival. No illusions about a perfect world.

Julien : C'est effrayant ce que tu dis. Tu justifies l'oppression au nom de la survie ? Moi, je crois qu'une société doit chercher à s'améliorer, à réduire les inégalités sans pour autant basculer dans la violence et la répression.

Julien: What you're saying is frightening. You justify oppression in the name of survival? I believe a society should strive to improve, to reduce inequalities without resorting to violence and repression.

Mathieu : Et moi je crois qu'un pays fort a besoin de leaders forts, de décisions rapides et sans compromis. Le socialisme est trop idéaliste pour affronter les vraies menaces d'aujourd'hui.

Mathieu: And I believe a strong country needs strong leaders, quick decisions without compromise. Socialism is too idealistic to face the real threats of today.

Julien : Peut-être. Mais je préfère vivre dans une société qui cherche à améliorer la vie de tous, plutôt que dans un régime qui écrase les plus faibles pour maintenir l'ordre. Le fascisme n'apporte que la peur et la destruction.

Julien: Maybe. But I'd rather live in a society that tries to improve everyone's lives, than in a regime that crushes the weakest to maintain order. Fascism only brings fear and destruction.

Mathieu : Et le socialisme n'apporte que le chaos et la stagnation.

Mathieu: And socialism only brings chaos and stagnation.

National-socialisme : Un débat sur l'idéologie et ses conséquences

Claire : Comment peux-tu dire que le national-socialisme a eu des aspects positifs ? C'est une idéologie qui a conduit à l'Holocauste, à la guerre et à des millions de morts.

Claire: How can you say that National Socialism had positive aspects? It's an ideology that led to the Holocaust, war, and millions of deaths.

Paul : Je ne dis pas que tout ce qui s'est passé était bon, bien sûr que non. Ce que je veux dire, c'est qu'avant la guerre, le national-socialisme a redonné à l'Allemagne un sentiment de fierté nationale, a redynamisé l'économie et a mis fin au chaos politique de la République de Weimar.

Paul: I'm not saying everything that happened was good, of course not. What I mean is that before the war, National Socialism gave Germany a sense of national pride again, revitalised the economy, and ended the political chaos of the Weimar Republic.

Claire : À quel prix, Paul ? La répression, l'élimination des opposants politiques, la propagande, sans parler des lois raciales. Tout cela a mené à une dictature impitoyable. On ne peut pas effacer ça sous prétexte que l'économie s'est redressée.

Claire: At what cost, Paul? Repression, elimination of political opponents, propaganda, not to mention the racial laws. All of that led to a ruthless dictatorship. You can't brush that aside just because the economy improved.

Paul : Oui, c'était une dictature, et je ne défends pas ce côté-là. Mais il faut reconnaître que le pays sortait d'une crise profonde. Des millions de gens étaient au chômage, et le traité de Versailles avait humilié l'Allemagne. Les gens avaient besoin de retrouver leur dignité.

Paul: Yes, it was a dictatorship, and I'm not defending that. But you have to recognise that the country was coming out of a deep crisis. Millions of people were unemployed, and the Treaty of Versailles had humiliated Germany. People needed to regain their dignity.

Claire : Retrouver leur dignité ? En persécutant des minorités, en instaurant une idéologie de haine ? Ce que tu décris comme un "redressement", c'était le début d'une machine à tuer. Les camps de concentration, ça a commencé bien avant la guerre.

Claire: Regain their dignity? By persecuting minorities, by establishing an ideology of hatred? What you describe as a "recovery" was the beginning of a killing machine. Concentration camps started long before the war.

Paul : Je ne minimise pas les horreurs, mais il faut comprendre pourquoi tant de gens ont soutenu le régime au début. Ils ne savaient pas que ça finirait en guerre totale et en génocide. Ils voyaient un pays qui se relevait.

Paul: I'm not minimising the horrors, but you have to understand why so many people supported the regime at first. They didn't know it would end in total war and genocide. They saw a country that was recovering.

Claire : Mais l'idéologie du national-socialisme était claire dès le départ. Le racisme, l'antisémitisme, l'idée de supériorité de la "race aryenne" étaient au cœur du projet. Ce n'était pas un simple mouvement nationaliste, c'était un projet d'exclusion et de domination.

Claire: But the ideology of National Socialism was clear from the start. Racism, anti-Semitism, the idea of the superiority of the "Aryan race" were at the heart of the project. It wasn't just a nationalist movement; it was a plan of exclusion and domination.

Paul : Il y a eu des excès, c'est certain. Mais est-ce que toutes les idéologies n'ont pas leurs parts d'ombre ? Le communisme, par exemple, a aussi causé des millions de morts. Pourtant, certains continuent à défendre cette idéologie.

Paul: There were excesses, certainly. But don't all ideologies have their dark sides? Communism, for example, also caused millions of deaths. Yet some still defend that ideology.

Claire : Oui, le communisme a eu ses horreurs, mais ce n'est pas une excuse pour minimiser celles du national-socialisme. Le problème, c'est que le national-socialisme est fondé sur l'idée de la pureté raciale et l'élimination de ceux qui sont perçus comme inférieurs. Ce n'est pas juste une question de politique économique.

Claire: Yes, communism had its horrors, but that's no excuse to minimise those of National Socialism. The problem is that National Socialism is based on the idea of racial purity and the elimination of those seen as inferior. It's not just about economic policy.

Paul : Je comprends ton point de vue. Mais je pense qu'on devrait aussi se demander pourquoi tant de gens en Allemagne ont embrassé cette idéologie à l'époque. Si tu écoutes les discours de l'époque, ils parlaient de renaissance, de retrouver une fierté perdue après la Première Guerre mondiale. Les gens étaient désespérés.

Paul: I understand your point of view. But I think we should also ask why so many people in Germany embraced this ideology at the time. If you listen to the speeches from back then, they talked about a rebirth, about regaining lost pride after the First World War. People were desperate.

Claire : Je ne nie pas que les Allemands étaient dans une situation difficile, mais ça n'excuse en rien l'adhésion à une idéologie qui prônait la haine. Ils auraient pu chercher des solutions sans recourir à la violence et à la discrimination.

Claire: I don't deny that the Germans were in a difficult situation, but that doesn't excuse adherence to an ideology that promoted hatred. They could have sought solutions without resorting to violence and discrimination.

Paul : Mais quels choix avaient-ils vraiment ? L'économie était en ruine, les partis traditionnels échouaient à apporter des solutions, et les extrêmes gagnaient du terrain. Quand on est au bord du gouffre, parfois on prend des décisions désespérées.

Paul: But what real choices did they have? The economy was in ruins, traditional parties were failing to provide solutions, and the extremes were gaining ground. When you're on the edge of the abyss, sometimes desperate decisions are made.

Claire : Ça n'enlève rien à la responsabilité de chacun. Chaque personne qui a soutenu ce régime a contribué à ses crimes, même indirectement. On ne peut pas simplement blâmer la situation économique.

Claire: That doesn't take away individual responsibility. Every person who supported that regime contributed to its crimes, even indirectly. You can't just blame the economic situation.

Paul : Tu as raison. Mais je pense qu'il est important de comprendre le contexte. Si on ne comprend pas pourquoi des gens ordinaires ont pu soutenir une telle idéologie, on risque de répéter les mêmes erreurs dans le futur.

Paul: You're right. But I think it's important to understand the context. If we don't understand why ordinary people could support such an ideology, we risk repeating the same mistakes in the future.

Claire : Comprendre, oui. Mais excuser ou relativiser, jamais. Le national-socialisme a prouvé que lorsqu'une société accepte la haine et l'exclusion comme principes fondateurs, elle court à sa perte. Nous devons nous en souvenir pour éviter que cela ne se reproduise.

Claire: Understanding, yes. But excusing or downplaying, never. National Socialism proved that when a society accepts hatred and exclusion as founding principles, it heads towards its own destruction. We must remember that to prevent it from happening again.

Paul : Sur ce point, je suis entièrement d'accord. Mais il faut aussi éviter de simplifier l'histoire. Ce n'était pas noir et blanc pour tout le monde à l'époque. Beaucoup ne réalisaient pas ce qui se passait avant qu'il ne soit trop tard.

Paul: On that point, I completely agree. But we also need to avoid simplifying history. It wasn't black and white for everyone back then. Many didn't realise what was happening until it was too late.

Claire : Et c'est exactement pourquoi il est essentiel d'être vigilant dès le départ. Lorsque des discours de haine apparaissent, il faut les combattre immédiatement, sinon on finit par tomber dans les mêmes pièges.

Claire: And that's exactly why it's essential to be vigilant from the very beginning. When hate speech appears, it must be fought immediately, or we end up falling into the same traps.

Paul : Oui, la vigilance est essentielle. Il ne faut jamais oublier ce qui s'est passé et comment on en est arrivé là.

Paul: Yes, vigilance is essential. We must never forget what happened and how we got there.

Claire : Exactement.

Claire: Exactly.

Religion et laïcité : Un débat sur la place de la foi dans la société

Emma : Tu trouves vraiment que la religion devrait avoir plus de place dans la société actuelle ?

Emma: Do you really think religion should have a bigger role in today's society?

Lucas : Oui, absolument. La religion offre des valeurs, un cadre moral. Sans elle, la société perd ses repères, et on voit ce que ça donne : individualisme, manque de solidarité, perte de sens.

Lucas: Yes, absolutely. Religion provides values, a moral framework. Without it, society loses its bearings, and we see the result: individualism, lack of solidarity, and a loss of meaning.

Emma : Mais c'est justement pour ça qu'on a la laïcité. L'État doit rester neutre et garantir que personne ne soit imposé par une croyance ou une autre. Chacun est libre de croire ou de ne pas croire, c'est ça le principe de base.

Emma: But that's exactly why we have secularism. The state must remain neutral and ensure no one is imposed upon by one belief or another. Everyone is free to believe or not to believe, that's the basic principle.

Lucas : La laïcité, c'est bien, mais elle est devenue trop rigide. On vit dans une société qui fait comme si la religion était quelque chose de honteux ou à cacher. Pourtant, la foi est un aspect fondamental pour beaucoup de gens.

Lucas: Secularism is fine, but it's become too rigid. We live in a society that acts as if religion is something shameful or to be hidden. Yet, faith is a fundamental aspect for many people.

Emma : Je ne suis pas d'accord. La laïcité ne rejette pas la religion, elle l'encadre pour qu'elle ne s'impose pas à tous. C'est une question de liberté. Les croyances sont personnelles et ne doivent pas interférer avec les lois ni les droits des autres.

Emma: I disagree. Secularism doesn't reject religion, it frames it so it doesn't impose on everyone. It's a matter of freedom. Beliefs are personal and shouldn't interfere with laws or others' rights.

Lucas : Mais justement, il y a des moments où la foi et les valeurs religieuses devraient être prises en compte dans les décisions politiques. Prenons des sujets comme l'avortement ou le mariage pour tous, pourquoi la morale religieuse ne pourrait-elle pas avoir son mot à dire ?

Lucas: But there are times when faith and religious values should be considered in political decisions. Take issues like abortion or same-sex marriage; why shouldn't religious morality have a say?

Emma : Parce que ce sont des décisions qui concernent l'ensemble de la société, pas uniquement ceux qui partagent les mêmes croyances. Les lois doivent être basées sur des principes universels, pas sur des dogmes religieux.

Emma: Because those are decisions that affect the whole of society, not just those who share the same beliefs. Laws must be based on universal principles, not religious doctrines.

Lucas : Mais les principes universels dont tu parles, ils viennent d'où ? Beaucoup de nos lois et de nos valeurs viennent directement des religions, notamment du christianisme en Occident. On ne peut pas renier cet héritage.

Lucas: But where do these universal principles come from? Many of our laws and values come directly from religions, especially Christianity in the West. We can't deny that heritage.

Emma : Oui, l'histoire a façonné nos sociétés, mais ça ne veut pas dire qu'on doit continuer à suivre aveuglément les préceptes religieux. Le monde évolue, et les droits individuels doivent primer sur les dogmes qui ne concernent qu'une partie de la population.

Emma: Yes, history has shaped our societies, but that doesn't mean we should continue to blindly follow religious precepts. The world evolves, and individual rights must take precedence over doctrines that only concern part of the population.

Lucas : C'est facile à dire, mais à force de vouloir tout détacher de la religion, on perd de vue des valeurs fondamentales comme la famille, la solidarité, le respect. La société moderne met trop l'accent sur l'individu au détriment du collectif.

Lucas: It's easy to say, but by trying to detach everything from religion, we lose sight of fundamental values like family, solidarity, respect. Modern society puts too much emphasis on the individual at the expense of the collective.

Emma : Mais la laïcité n'empêche pas de valoriser la famille ou la solidarité. Ce sont des concepts qui peuvent exister en dehors de la religion. D'ailleurs, beaucoup de gens non religieux sont tout à fait solidaires et respectueux des autres.

Emma: But secularism doesn't prevent us from valuing family or solidarity. These are concepts that can exist outside religion. In fact, many non-religious people are perfectly supportive and respectful of others.

Lucas : Peut-être, mais la foi donne un sens plus profond à ces valeurs. Elle connecte les individus à quelque chose de plus grand qu'eux-mêmes. Quand on enlève cette dimension spirituelle, tout devient plus matériel, plus froid.

Lucas: Maybe, but faith gives a deeper meaning to these values. It connects individuals to something greater than themselves. When you remove that spiritual dimension, everything becomes more material, more cold.

Emma : Ce que tu dis est valable pour ceux qui ont la foi, mais pour les autres ? Faut-il leur imposer cette vision des choses ? La laïcité garantit justement que chacun puisse vivre selon ses convictions sans que l'État ne privilégie une religion sur une autre.

Emma: What you're saying is valid for those who have faith, but what about the others? Should they be forced to adopt that view? Secularism ensures that everyone can live according to their beliefs without the state favouring one religion over another.

Lucas : C'est une question d'équilibre. La laïcité, oui, mais pas au point de marginaliser ceux pour qui la religion est essentielle. On devrait pouvoir exprimer sa foi librement, même dans l'espace public, sans être stigmatisé.

Lucas: It's a matter of balance. Secularism, yes, but not to the point where it marginalises those for whom religion is essential. People should be able to express their faith freely, even in public spaces, without being stigmatised.

Emma : Personne n'empêche qui que ce soit de pratiquer sa foi, mais ça doit rester personnel. L'espace public, c'est pour tout le monde. Si on commence à y introduire la religion, où est la limite ? C'est pour éviter les conflits que la laïcité est si importante.

Emma: No one is stopping anyone from practising their faith, but it must remain personal. Public spaces are for everyone. If we start introducing religion into them, where is the limit? Secularism is important to prevent conflicts.

Lucas : Mais justement, les conflits viennent souvent du fait qu'on essaie de refouler la religion. Si on laissait les gens exprimer leur foi plus ouvertement, il y aurait peut-être moins de tensions.

Lucas: But conflicts often arise because we try to suppress religion. If people were allowed to express their faith more openly, maybe there would be less tension.

Emma : Ou au contraire, ça pourrait renforcer les divisions. Regarde les pays où la religion joue un rôle central dans la politique. Souvent, ça finit en guerres civiles ou en discriminations contre ceux qui ne partagent pas la même croyance.

Emma: Or, on the contrary, it could reinforce divisions. Look at countries where religion plays a central role in politics. Often, it ends in civil wars or discrimination against those who don't share the same beliefs.

Lucas : Oui, mais ça, c'est dans des contextes où il n'y a pas de tolérance. En France, on a une tradition de liberté et de tolérance qui permettrait une meilleure cohabitation entre la foi et la laïcité.

Lucas: Yes, but that's in contexts where there is no tolerance. In France, we have a tradition of freedom and tolerance that would allow better coexistence between faith and secularism.

Emma : Je ne sais pas. Je crois qu'il faut être prudent. La laïcité protège tout le monde, y compris les croyants, en empêchant que l'État ne privilégie une religion par rapport à une autre. C'est cette neutralité qui garantit la paix sociale.

Emma: I'm not sure. I think we need to be careful. Secularism protects everyone, including believers, by preventing the state from favouring one religion over another. It's this neutrality that guarantees social peace.

Lucas : Peut-être. Mais à trop vouloir neutraliser, on risque de gommer des identités importantes. La foi, c'est aussi une identité, et elle mérite d'être respectée dans l'espace public.

Lucas: Maybe. But by trying to neutralise too much, we risk erasing important identities. Faith is also an identity, and it deserves to be respected in public spaces.

Emma : Tant que ça reste dans le respect des autres, je suis d'accord. Mais il ne faut jamais oublier que la laïcité, c'est la liberté de croire ou de ne pas croire.

Emma: As long as it remains respectful of others, I agree. But we must never forget that secularism is the freedom to believe or not to believe.

Liberté religieuse vs. contrôle de l'État

Nadia : Tu penses vraiment que l'État devrait avoir le droit de contrôler les pratiques religieuses ?

Nadia: Do you really think the State should have the right to control religious practices?

Thomas : Absolument. L'État doit garantir la sécurité de tous et éviter que certaines pratiques religieuses ne deviennent dangereuses ou qu'elles ne minent les valeurs fondamentales de la société. On ne peut pas laisser tout le monde faire ce qu'il veut sous prétexte de la liberté religieuse.

Thomas: Absolutely. The State must ensure everyone's safety and prevent certain religious practices from becoming dangerous or undermining the fundamental values of society. We can't let everyone do what they want under the pretext of religious freedom.

Nadia : Mais la liberté religieuse est un droit fondamental. Chacun devrait pouvoir pratiquer sa foi comme il l'entend, tant que ça ne nuit pas aux autres. Si l'État commence à contrôler la religion, où s'arrêtera-t-il ?

Nadia: But religious freedom is a fundamental right. Everyone should be able to practise their faith as they see fit, as long as it doesn't harm others. If the State starts controlling religion, where will it stop?

Thomas : C'est bien ça le problème, Nadia. Certaines pratiques religieuses nuisent aux autres. Prenons l'exemple des sectes. Elles manipulent, exploitent et parfois mettent en danger la vie de leurs membres. Sans un contrôle étatique, ces dérives seraient encore plus fréquentes.

Thomas: That's exactly the problem, Nadia. Some religious practices harm others. Take the example of cults. They manipulate, exploit, and sometimes endanger the lives of their members. Without state control, these abuses would be even more frequent.

Nadia : Je ne dis pas qu'il ne faut rien faire contre les sectes, mais il y a une différence entre réprimer les abus et imposer un contrôle généralisé. L'État ne devrait pas interférer dans la pratique religieuse tant que celle-ci respecte la loi.

Nadia: I'm not saying we shouldn't act against cults, but there's a difference between stopping abuses and imposing widespread control. The State shouldn't interfere in religious practices as long as they respect the law.

Thomas : Oui, mais justement, certaines pratiques ne respectent pas la loi. L'excision, par exemple, est parfois justifiée au nom de la religion. L'État doit être ferme face à ces dérives. La liberté religieuse ne doit pas être un prétexte pour violer les droits humains.

Thomas: Yes, but some practices don't respect the law. Female genital mutilation, for example, is sometimes justified in the name of religion. The State must be firm in addressing these abuses. Religious freedom shouldn't be an excuse to violate human rights.

Nadia : C'est vrai que certaines pratiques doivent être interdites. Mais si on commence à surveiller et contrôler toutes les pratiques religieuses, on risque de stigmatiser certaines communautés et de créer des tensions inutiles.

Nadia: It's true that some practices must be banned. But if we start monitoring and controlling all religious practices, we risk stigmatising certain communities and creating unnecessary tensions.

Thomas : Il ne s'agit pas de stigmatiser, mais de protéger la société. Certaines idéologies religieuses prônent des valeurs contraires à celles de la République, comme l'égalité des sexes ou la laïcité. L'État doit intervenir pour préserver la cohésion sociale.

Thomas: It's not about stigmatising, but protecting society. Some religious ideologies promote values that contradict those of the

Republic, like gender equality or secularism. The State must intervene to preserve social cohesion.

Nadia : Mais c'est là que ça devient dangereux. Quand l'État commence à décider quelles croyances sont acceptables ou non, on s'approche de la censure. Chaque religion a ses particularités, et elles doivent être respectées tant qu'elles ne menacent pas directement les autres.

Nadia: But that's where it becomes dangerous. When the State starts deciding which beliefs are acceptable or not, we're approaching censorship. Every religion has its peculiarities, and they must be respected as long as they don't directly threaten others.

Thomas : Oui, mais certaines croyances peuvent indirectement menacer la société. Si une religion enseigne la soumission des femmes ou l'intolérance envers certaines minorités, cela affecte la cohésion sociale. L'État a le devoir d'intervenir pour éviter des tensions futures.

Thomas: Yes, but some beliefs can indirectly threaten society. If a religion teaches the submission of women or intolerance towards certain minorities, it affects social cohesion. The State has a duty to intervene to prevent future tensions.

Nadia : Mais l'éducation et le dialogue sont des moyens bien plus efficaces que la répression ou le contrôle. En imposant des restrictions, l'État risque de radicaliser encore plus certaines communautés, qui se sentiront persécutées.

Nadia: But education and dialogue are far more effective than repression or control. By imposing restrictions, the State risks further radicalising certain communities, who will feel persecuted.

Thomas : Je suis d'accord, l'éducation est essentielle, mais parfois ça ne suffit pas. Dans certains cas, il faut des lois claires et des contrôles stricts pour garantir que tout le monde respecte les valeurs communes. Sans ça, on laisse la porte ouverte à des dérives qui peuvent déstabiliser le pays.

Thomas: I agree, education is essential, but sometimes it's not enough. In some cases, we need clear laws and strict controls to ensure that everyone respects common values. Without that, we leave the door open to excesses that could destabilise the country.

Nadia : Mais qui décide de ces valeurs communes ? C'est ça le problème. Si l'État commence à s'immiscer dans la religion, il finit par imposer une seule vision, et on perd la richesse de la diversité culturelle et spirituelle. La liberté religieuse est justement là pour éviter cela.

Nadia: But who decides these common values? That's the problem. If the State starts interfering in religion, it ends up imposing a single vision, and we lose the richness of cultural and spiritual diversity. Religious freedom is there precisely to avoid that.

Thomas : Je comprends ton point de vue, mais la liberté n'est jamais absolue. Il y a toujours des limites, surtout quand il s'agit de protéger la société dans son ensemble. L'État doit pouvoir intervenir pour éviter des dérives dangereuses.

Thomas: I understand your point of view, but freedom is never absolute. There are always limits, especially when it comes to protecting society as a whole. The State must be able to intervene to prevent dangerous excesses.

Nadia : Mais il doit aussi garantir que ces interventions ne deviennent pas de la discrimination ou une ingérence excessive dans la vie privée. On a vu dans l'histoire ce que ça donne quand un État contrôle trop les croyances religieuses : persécutions, exils forcés, et répression.

Nadia: But it must also ensure that these interventions don't turn into discrimination or excessive interference in private life. We've seen in history what happens when a State controls religious beliefs too much: persecution, forced exile, and repression.

Thomas : Oui, et c'est pour ça que le contrôle doit être encadré et proportionné. On ne parle pas de réprimer les croyances en général, mais d'intervenir seulement là où les pratiques religieuses violent la loi ou menacent la sécurité publique.

Thomas: Yes, and that's why control must be regulated and proportionate. We're not talking about suppressing beliefs in general, but only intervening where religious practices violate the law or threaten public safety.

Nadia : Mais qui définit ce qui menace la sécurité publique ? Certaines lois peuvent être utilisées pour cibler injustement certaines communautés. On l'a vu avec les débats sur le port du voile, par exemple. Ce n'est pas toujours une question de sécurité, mais souvent une question de discrimination déguisée.

Nadia: But who defines what threatens public safety? Some laws can be used to unfairly target certain communities. We've seen this with the debates over the veil, for example. It's not always a matter of security, but often a matter of disguised discrimination.

Thomas : C'est vrai que certaines lois peuvent être mal utilisées, mais c'est pour ça qu'il faut un cadre juridique solide et juste. La laïcité est là pour garantir cette neutralité. Ce n'est pas pour discriminer, mais pour protéger l'égalité entre tous les citoyens, croyants ou non.

Thomas: It's true that some laws can be misused, but that's why we need a strong and fair legal framework. Secularism is there to guarantee that neutrality. It's not about discrimination, but about protecting equality between all citizens, whether believers or not.

Nadia : Oui, mais il faut veiller à ce que cette laïcité ne devienne pas un prétexte pour exclure ou marginaliser certaines religions.

La liberté religieuse est un droit fondamental, et l'État doit la protéger tout autant que la sécurité publique.

Nadia: Yes, but we must ensure that this secularism doesn't become an excuse to exclude or marginalise certain religions. Religious freedom is a fundamental right, and the State must protect it as much as public safety.

Thomas : Je suis d'accord. Mais protéger cette liberté ne signifie pas laisser tout passer. Il faut un équilibre entre le respect des croyances et la préservation des valeurs républicaines.

Thomas: I agree. But protecting that freedom doesn't mean letting everything pass. There must be a balance between respecting beliefs and preserving republican values.

Nadia : Et cet équilibre est fragile. C'est pour ça qu'il est essentiel que l'État ne prenne pas trop de pouvoir dans ce domaine. Sinon, on risque de glisser vers une société où la liberté de croire et de pratiquer est sérieusement menacée.

Nadia: And that balance is fragile. That's why it's essential that the State doesn't take too much power in this area. Otherwise, we risk sliding into a society where the freedom to believe and practise is seriously threatened.

Thomas : Peut-être. Mais sans un minimum de contrôle, on risque de laisser se développer des idéologies radicales qui pourraient mettre en danger la cohésion sociale. Il faut trouver le juste milieu.

Thomas: Maybe. But without a minimum level of control, we risk allowing radical ideologies to develop that could endanger social cohesion. We need to find the right balance.

Nadia : C'est là tout le défi.

Nadia: That's the real challenge.

Changement de sexe chez les adolescents : Un débat délicat

Alice : Tu penses vraiment qu'un adolescent est assez mature pour décider de changer de sexe ?

Alice: Do you really think a teenager is mature enough to decide to change their gender?

Léa : Oui, je pense que si un jeune ressent un profond mal-être par rapport à son genre, il a le droit de prendre des décisions qui l'aideront à se sentir mieux dans sa peau. C'est une question de bien-être mental et émotionnel.

Léa: Yes, I think that if a young person feels deep distress about their gender, they have the right to make decisions that help them feel better in their own skin. It's a matter of mental and emotional well-being.

Alice : Mais à 15 ou 16 ans, on est encore en plein développement, physiquement et mentalement. Comment être sûr qu'un adolescent est prêt pour un changement aussi radical et permanent ?

Alice: But at 15 or 16 years old, you're still developing physically and mentally. How can we be sure a teenager is ready for such a radical and permanent change?

Léa : Justement, c'est pour ça que le processus est encadré. Ce n'est pas comme si on leur permettait de changer de sexe du jour au lendemain. Il y a des équipes médicales, psychologiques, et des étapes précises à suivre. Ils ne sont pas seuls dans cette démarche.

Léa: Exactly, that's why the process is regulated. It's not as if they're allowed to change their gender overnight. There are medical, psychological teams, and specific steps to follow. They're not alone in this journey.

Alice : Oui, mais même avec tout cet encadrement, il y a des risques. Et si, plus tard, ils regrettent leur choix ? On ne peut pas revenir en arrière après certaines interventions médicales, surtout quand il s'agit de chirurgie ou de traitements hormonaux.

Alice: Yes, but even with all that support, there are risks. What if they regret their choice later? You can't undo some medical interventions, especially when it comes to surgery or hormonal treatments.

Léa : C'est vrai qu'il y a toujours un risque. Mais il y a aussi des milliers de personnes transgenres qui, après avoir fait leur transition, se sentent enfin alignées avec qui elles sont. Ne rien faire, c'est aussi les condamner à vivre dans un corps qui leur est étranger.

Léa: It's true there's always a risk. But there are also thousands of transgender people who, after transitioning, finally feel aligned with who they are. Doing nothing is also condemning them to live in a body that feels foreign to them.

Alice : Je comprends ça, mais pourquoi ne pas attendre qu'ils soient plus âgés, qu'ils aient fini de se développer et soient vraiment sûrs de leur décision ? Ce genre de choix, c'est énorme, et les adolescents ne sont pas toujours les meilleurs pour prendre du recul.

Alice: I understand that, but why not wait until they're older, when they've finished developing and are really sure of their decision? This kind of choice is huge, and teenagers aren't always the best at seeing things clearly.

Léa : Parce que parfois, attendre peut être destructeur. Le mal-être d'un adolescent transgenre peut être si profond qu'il peut conduire à la dépression, voire pire. Si on peut les aider à se sentir mieux plus tôt, pourquoi attendre ?

Léa: Because sometimes waiting can be destructive. A transgender teenager's distress can be so deep that it leads to depression, or worse. If we can help them feel better sooner, why wait?

Alice : Mais à quel prix ? Les effets des hormones sur un corps en pleine croissance ne sont pas complètement connus. Et puis, il y a des cas où des personnes ont regretté leur transition. On ne parle pas assez de ces situations.

Alice: But at what cost? The effects of hormones on a growing body aren't fully known. And then there are cases where people have regretted their transition. We don't talk enough about these situations.

Léa : C'est vrai, mais ces cas sont rares. Il ne faut pas prendre quelques histoires de regrets pour en faire une généralité. La grande majorité des jeunes transgenres qui entament une transition sont satisfaits de leur choix. Et puis, c'est leur vie, c'est à eux de décider ce qui est le mieux pour eux.

Léa: That's true, but those cases are rare. We shouldn't take a few regret stories and make them the rule. The vast majority of young transgender people who start transitioning are happy with their choice. And it's their life, they should decide what's best for them.

Alice : Mais est-ce vraiment à eux de décider, à cet âge ? On impose des restrictions sur tant de choses aux mineurs parce qu'on sait qu'ils ne sont pas encore capables de prendre des décisions éclairées dans tous les domaines. Pourquoi ce serait différent ici ?

Alice: But is it really up to them to decide at that age? We place restrictions on so many things for minors because we know they aren't yet able to make fully informed decisions in all areas. Why would this be different?

Léa : Parce que la dysphorie de genre est un sujet différent. Ce n'est pas une simple envie passagère. C'est un sentiment profond et persistant de ne pas appartenir à son corps. Et les études montrent que plus tôt on intervient, plus les résultats sont positifs.

Léa: Because gender dysphoria is a different issue. It's not just a passing whim. It's a deep, persistent feeling of not belonging in one's body. And studies show that the earlier you intervene, the better the results.

Alice : Et si on se trompe ? Si ce sentiment de dysphorie disparaît à l'âge adulte, mais que les effets des traitements sont irréversibles ? On parle de la vie entière de ces jeunes, pas juste de quelques années de leur adolescence.

Alice: And what if we're wrong? What if that feeling of dysphoria disappears in adulthood, but the effects of the treatments are irreversible? We're talking about their whole lives, not just a few years of their adolescence.

Léa : C'est pour ça qu'il y a des évaluations rigoureuses avant toute intervention médicale. Et il ne faut pas oublier que certaines interventions, comme les bloqueurs de puberté, sont réversibles. Ils donnent du temps aux jeunes pour réfléchir sans subir les changements physiques liés à la puberté.

Léa: That's why there are strict evaluations before any medical intervention. And let's not forget that some interventions, like puberty blockers, are reversible. They give young people time to think without undergoing the physical changes of puberty.

Alice : Mais ces bloqueurs ne sont pas sans conséquences non plus. Ils peuvent affecter la densité osseuse, le développement mental... On ne connaît pas encore tous les effets à long terme. C'est trop risqué, surtout quand on parle de jeunes encore en formation.

Alice: But these blockers aren't without consequences either. They can affect bone density, mental development... We don't yet know all the long-term effects. It's too risky, especially when we're talking about young people still growing.

Léa : Les médecins prennent ces risques en compte, mais ils savent aussi que ne rien faire peut être encore plus dangereux pour la santé mentale de ces jeunes. La souffrance liée à la dysphorie de genre n'est pas à prendre à la légère.

Léa: Doctors take these risks into account, but they also know that doing nothing can be even more dangerous for the mental health of these young people. The suffering linked to gender dysphoria is not something to take lightly.

Alice : Je suis d'accord sur le fait qu'il faut les soutenir, mais je pense que des mesures aussi radicales ne devraient pas être prises si tôt. Il y a peut-être d'autres moyens d'aider ces jeunes sans en passer par des traitements médicaux définitifs.

Alice: I agree that they need support, but I think such radical measures shouldn't be taken so early. There may be other ways to help these young people without resorting to irreversible medical treatments.

Léa : Bien sûr qu'il y a d'autres moyens, comme l'accompagnement psychologique, et c'est souvent la première étape. Mais pour certains, cela ne suffit pas. Le changement de sexe est parfois la seule solution pour qu'ils puissent vivre pleinement.

Léa: Of course, there are other ways, like psychological support, and that's often the first step. But for some, that's not enough. Changing gender is sometimes the only solution for them to live fully.

Alice : Peut-être. Mais je pense qu'on sous-estime les capacités des adolescents à changer d'avis. À cet âge, on est influencé par tant de choses : la société, les réseaux sociaux... On ne peut pas savoir si ce choix est vraiment le leur ou une réaction à la pression extérieure.

Alice: Maybe. But I think we underestimate teenagers' capacity to change their minds. At that age, you're influenced by so many things: society, social media... We can't know if this choice is truly theirs or a reaction to external pressure.

Léa : C'est vrai que l'adolescence est une période compliquée, mais ces jeunes savent souvent depuis longtemps ce qu'ils ressentent. La décision de transition n'est pas prise à la légère, même pour eux. Il faut leur faire confiance et les soutenir dans leur parcours.

Léa: It's true that adolescence is a complicated time, but these young people often know for a long time what they're feeling. The decision to transition isn't taken lightly, even for them. We need to trust them and support them in their journey.

Alice : Faire confiance, oui, mais aussi les protéger. C'est pour ça que je pense qu'il faudrait attendre qu'ils soient plus âgés avant de permettre des décisions aussi importantes.

Alice: Trust them, yes, but also protect them. That's why I think we should wait until they're older before allowing such important decisions.

L'esclavage dans le monde transatlantique : Un débat historique et moral

Jean : Tu crois vraiment qu'on devrait encore parler de l'esclavage transatlantique aujourd'hui ? Ça fait plus de 200 ans que c'est fini, il faut tourner la page.

Jean: Do you really think we should still talk about transatlantic slavery today? It ended more than 200 years ago, we need to move on.

Clara : Bien sûr qu'on doit en parler ! L'esclavage a laissé des traces profondes dans la société moderne. Les inégalités raciales, économiques et sociales actuelles sont en grande partie des conséquences directes de cette période.

Clara: Of course we need to talk about it! Slavery left deep marks on modern society. Racial, economic, and social inequalities today are largely direct consequences of that period.

Jean : Je ne dis pas que l'esclavage n'a pas eu d'impact, mais à un moment donné, il faut avancer. On ne peut pas rester bloqués sur les erreurs du passé. Ce n'est pas parce que nos ancêtres ont commis des crimes qu'on doit porter cette culpabilité pour toujours.

Jean: I'm not saying slavery didn't have an impact, but at some point, we need to move forward. We can't stay stuck on the mistakes of the past. Just because our ancestors committed crimes doesn't mean we have to carry that guilt forever.

Clara : Ce n'est pas une question de culpabilité, c'est une question de justice. Beaucoup de descendants d'esclaves vivent encore avec les conséquences de cette histoire. L'ignorance ou le déni ne font qu'aggraver le problème. Il faut reconnaître ce qui s'est passé et en tirer les leçons.

Clara: It's not about guilt, it's about justice. Many descendants of slaves still live with the consequences of that history. Ignorance or denial only make the problem worse. We need to acknowledge what happened and learn from it.

Jean : D'accord, mais qu'est-ce qu'on devrait faire alors ? On ne peut pas changer le passé. Les excuses, les commémorations, tout ça c'est bien, mais est-ce que ça change vraiment quelque chose pour les générations actuelles ?

Jean: Okay, but what should we do then? We can't change the past. Apologies, commemorations, they're all fine, but do they really change anything for today's generations?

Clara : C'est déjà un début. La reconnaissance est importante pour la mémoire collective. Mais au-delà des excuses, il faut aussi penser à des réparations économiques, symboliques et éducatives. Tant que cette histoire est minimisée ou ignorée, les inégalités vont persister.

Clara: It's a start. Recognition is important for collective memory. But beyond apologies, we also need to think about economic, symbolic, and educational reparations. As long as this history is minimised or ignored, inequalities will persist.

Jean : Les réparations ? Je suis sceptique. C'est impossible de compenser des siècles d'esclavage par des réparations financières ou matérielles. Et puis, qui devrait payer ? Les descendants des esclavagistes ? Les États européens ? Ça devient vite compliqué.

Jean: Reparations? I'm sceptical. It's impossible to compensate for centuries of slavery with financial or material reparations. And then, who should pay? The descendants of slave owners? European states? It quickly gets complicated.

Clara : Oui, c'est complexe, mais ça ne veut pas dire qu'on ne doit rien faire. Il y a des moyens de reconnaître et de compenser ce passé sans que ce soit uniquement une question d'argent. On pourrait investir dans l'éducation, dans des programmes sociaux pour les communautés les plus affectées.

Clara: Yes, it's complex, but that doesn't mean we shouldn't do anything. There are ways to acknowledge and make up for this past without it being just about money. We could invest in education, in social programmes for the most affected communities.

Jean : Je comprends l'idée, mais je pense que le problème aujourd'hui, ce ne sont plus les conséquences directes de l'esclavage, mais plutôt la manière dont on aborde la question du racisme et des inégalités. Beaucoup utilisent l'histoire de l'esclavage pour justifier des revendications actuelles qui n'ont plus vraiment de lien avec cette période.

Jean: I understand the idea, but I think today the problem isn't the direct consequences of slavery anymore, but rather how we address the issue of racism and inequality. Many people use the history of slavery to justify current demands that don't really have much connection to that period.

Clara : Comment ça, "plus de lien" ? L'histoire est directement liée à la situation actuelle. Les structures économiques et sociales créées par l'esclavage sont toujours là. Les anciennes colonies sont encore, pour beaucoup, en difficulté à cause de cet héritage.

Clara: What do you mean, "no more connection"? History is directly linked to the current situation. The economic and social structures created by slavery are still here. Many former colonies are still struggling because of that legacy.

Jean : Peut-être, mais on ne peut pas tout expliquer par l'esclavage. Les problèmes des pays africains ou caribéens aujourd'hui viennent aussi de facteurs internes, de la mauvaise gestion, de la corruption. Ce n'est pas uniquement la faute de la colonisation ou de l'esclavage.

Jean: Maybe, but we can't explain everything through slavery. The problems in African or Caribbean countries today also come from internal factors like mismanagement and corruption. It's not just the fault of colonisation or slavery.

Clara : Bien sûr qu'il y a des responsabilités locales, mais il ne faut pas oublier que ces pays ont été pillés et exploités pendant des siècles. On leur a imposé des systèmes politiques et économiques qui ne leur correspondaient pas, et ils sont encore en train de se reconstruire.

Clara: Of course there are local responsibilities, but we mustn't forget that these countries were plundered and exploited for centuries. They were forced into political and economic systems that didn't suit them, and they're still rebuilding.

Jean : C'est vrai, mais ça fait plus de 60 ans que ces pays sont indépendants. À un moment donné, il faut arrêter de rejeter la faute sur le passé et se concentrer sur le présent et l'avenir.

Jean: That's true, but it's been more than 60 years since these countries became independent. At some point, we need to stop blaming the past and focus on the present and future.

Clara : Mais comment se concentrer sur l'avenir si on n'a pas fait la paix avec le passé ? Les blessures de l'esclavage ne sont pas guéries. Et tant que ce passé ne sera pas pleinement reconnu, il sera difficile d'avancer.

Clara: But how can we focus on the future if we haven't made peace with the past? The wounds of slavery haven't healed. And until this past is fully recognised, it will be difficult to move forward.

Jean : Je ne dis pas qu'il faut oublier, mais je pense qu'on en fait parfois trop. On a l'impression que l'histoire de l'esclavage est devenue l'unique prisme à travers lequel on analyse les relations entre l'Europe, l'Afrique et les Amériques. Il y a d'autres histoires à raconter.

Jean: I'm not saying we should forget, but I think we sometimes overdo it. It feels like the history of slavery has become the only lens through which we analyse relations between Europe, Africa, and the Americas. There are other stories to tell.

Clara : C'est parce que l'esclavage a été une des périodes les plus sombres et les plus marquantes de l'histoire. Il a transformé le monde entier, et les cicatrices sont encore visibles aujourd'hui. On ne peut pas minimiser son importance.

Clara: That's because slavery was one of the darkest and most significant periods in history. It transformed the entire world, and the scars are still visible today. We can't minimise its importance.

Jean : Je ne cherche pas à minimiser, mais je pense qu'il faut aussi donner de l'importance à la manière dont les sociétés post-esclavagistes se sont reconstruites. Il y a aussi des histoires de résilience, de résistance, de créativité qui méritent d'être mises en lumière.

Jean: I'm not trying to minimise it, but I think we should also highlight how post-slavery societies rebuilt themselves. There are also stories of resilience, resistance, and creativity that deserve to be brought to light.

Clara : Je suis d'accord. Il ne s'agit pas de se concentrer uniquement sur la douleur, mais de reconnaître toutes les facettes de cette histoire. Mais cela ne doit pas nous empêcher de reconnaître les responsabilités et de chercher des moyens de réconciliation.

Clara: I agree. It's not about focusing solely on the pain, but about recognising all aspects of this history. But that shouldn't stop us from acknowledging responsibility and seeking ways of reconciliation.

Jean : Oui, mais cette réconciliation doit aller dans les deux sens. Il ne faut pas non plus tomber dans une culpabilité sans fin. Je pense que l'essentiel, c'est d'apprendre du passé sans se laisser enfermer dedans.

Jean: Yes, but this reconciliation has to go both ways. We mustn't fall into endless guilt either. I think the key is to learn from the past without getting trapped in it.

Clara : Absolument, mais pour apprendre du passé, il faut d'abord l'affronter honnêtement, et reconnaître que l'esclavage a façonné notre monde bien plus qu'on ne veut l'admettre.

Clara: Absolutely, but to learn from the past, we must first face it honestly and acknowledge that slavery shaped our world far more than we want to admit.

L'esclavage d'Européens dans le monde islamique : Une histoire oubliée

Victor : Tu crois vraiment qu'on parle assez de l'esclavage des Européens dans le monde islamique ? On dirait que tout le monde a oublié cette partie de l'histoire.

Victor: Do you really think we talk enough about the enslavement of Europeans in the Islamic world? It seems like everyone has forgotten that part of history.

Isabelle : C'est vrai que c'est un sujet moins abordé, mais ça ne veut pas dire qu'il a été totalement ignoré. Beaucoup de recherches existent sur les captifs européens en Afrique du Nord, dans l'Empire ottoman, ou encore chez les Tatars de Crimée.

Isabelle: It's true that it's a less discussed topic, but that doesn't mean it's been completely ignored. There's a lot of research on European captives in North Africa, the Ottoman Empire, and even among the Crimean Tatars.

Victor : Oui, mais à côté de l'esclavage transatlantique, ça paraît presque insignifiant. Pourtant, des millions d'Européens ont été réduits en esclavage pendant des siècles. On parle souvent des barbaresques, mais c'était aussi en Asie centrale et sous l'Empire ottoman.

Victor: Yes, but compared to transatlantic slavery, it seems almost insignificant. Yet, millions of Europeans were enslaved for centuries. We often talk about the Barbary pirates, but it also happened in Central Asia and under the Ottoman Empire.

Isabelle : Je suis d'accord, c'est une histoire moins connue du grand public. Mais tu sais, les contextes sont différents. L'esclavage transatlantique était fondé sur une exploitation systémique, raciale et économique qui a duré plusieurs siècles. L'esclavage dans le monde islamique était plus diversifié dans ses formes.

Isabelle: I agree, it's a less well-known story to the public. But, you know, the contexts are different. Transatlantic slavery was based on systemic, racial, and economic exploitation that lasted for centuries. Slavery in the Islamic world took more varied forms.

Victor : Diversifié ou pas, c'était quand même des enlèvements massifs, des raids sur les côtes européennes, et des millions de personnes réduites en esclavage. Pourquoi cette histoire est-elle moins enseignée ? C'est comme si on essayait de minimiser cette partie de l'histoire.

Victor: Varied or not, it was still massive kidnappings, raids on European coasts, and millions of people enslaved. Why is this history taught less? It feels like we're trying to downplay this part of history.

Isabelle : Je ne pense pas qu'on essaie de la minimiser. C'est peut-être juste que l'esclavage transatlantique a eu des conséquences directes sur les sociétés modernes, avec des populations afro-descendantes qui continuent de subir les effets de cet esclavage. C'est différent pour les Européens capturés, leurs descendants ne vivent pas avec les mêmes stigmates.

Isabelle: I don't think it's being downplayed. It might just be that transatlantic slavery had direct consequences on modern societies, with Afro-descendant populations still suffering from the effects of that slavery. It's different for the captured Europeans; their descendants don't live with the same stigmas.

Victor : Peut-être, mais ça reste une injustice historique qui a touché des millions de personnes. Des villages entiers en Italie, en Espagne, au Portugal étaient dévastés par les raids des barbaresques. Des hommes, des femmes, des enfants emmenés de force, vendus comme esclaves à Alger, Tunis, ou Istanbul. Pourquoi n'en parle-t-on pas autant que de l'esclavage transatlantique ?

Victor: Maybe, but it's still a historical injustice that affected millions of people. Entire villages in Italy, Spain, and Portugal were devastated by Barbary raids. Men, women, and children were forcibly taken and sold as slaves in Algiers, Tunis, or Istanbul. Why don't we talk about it as much as transatlantic slavery?

Isabelle : Parce que les dynamiques étaient différentes. L'esclavage dans le monde islamique ne se fondait pas uniquement sur la race, mais sur des facteurs politiques et militaires. Les captifs pouvaient parfois obtenir leur liberté, être rachetés, ou même intégrer les sociétés locales. Ce n'était pas toujours un système héréditaire comme dans les colonies européennes.

Isabelle: Because the dynamics were different. Slavery in the Islamic world wasn't solely based on race but on political and military factors. Captives could sometimes gain their freedom, be ransomed, or even integrate into local societies. It wasn't always a hereditary system like in the European colonies.

Victor : D'accord, mais ça n'excuse pas les conditions inhumaines dans lesquelles ces captifs vivaient. Tu as entendu parler des galères, par exemple ? Ces esclaves européens qui passaient leur vie à ramer sur les navires des Ottomans ou des corsaires ? C'était une existence atroce.

Victor: Okay, but that doesn't excuse the inhumane conditions in which these captives lived. Have you heard about the galleys, for example? These European slaves spent their lives rowing on Ottoman or corsair ships. It was a horrible existence.

Isabelle : Oui, c'était terrible. Personne ne nie ça. Mais il faut aussi comprendre que la traite d'esclaves dans le monde islamique ne concernait pas uniquement les Européens. Il y avait aussi des Africains, des Asiatiques, et des peuples du Caucase. C'était un système d'esclavage très complexe.

Isabelle: Yes, it was terrible. No one denies that. But we also need to understand that the slave trade in the Islamic world didn't only involve Europeans. There were Africans, Asians, and peoples from the Caucasus too. It was a very complex system of slavery.

Victor : Justement, ça montre à quel point c'était répandu. On a tendance à voir l'esclavage comme quelque chose de limité aux colonies européennes et aux Africains, mais en réalité, c'était une pratique mondiale. Les Européens eux-mêmes en ont été victimes pendant des siècles.

Victor: Exactly, it shows how widespread it was. We tend to see slavery as something limited to European colonies and Africans, but in reality, it was a global practice. Europeans themselves were victims of it for centuries.

Isabelle : Tu as raison de rappeler ça. L'esclavage a existé dans presque toutes les civilisations. Mais je pense que si on insiste autant sur l'esclavage transatlantique, c'est parce qu'il a façonné de manière irréversible les relations raciales et les structures sociales actuelles, notamment en Amérique et en Europe.

Isabelle: You're right to point that out. Slavery existed in almost every civilisation. But I think the focus on transatlantic slavery is because it irreversibly shaped racial relations and current social structures, particularly in America and Europe.

Victor : Oui, mais l'esclavage des Européens a aussi eu un impact. Combien de personnes ont été déportées vers le nord de l'Afrique, la Turquie, ou l'Asie centrale sans jamais pouvoir retourner chez elles ? C'est une partie de l'histoire européenne qu'on devrait mieux connaître.

Victor: Yes, but the enslavement of Europeans also had an impact. How many people were deported to North Africa, Turkey, or Central Asia, never able to return home? It's a part of European history that we should know better.

Isabelle : Je suis d'accord. Il serait intéressant d'explorer davantage cette période et de mieux la faire connaître au grand public. Mais il ne faut pas non plus faire de comparaisons qui opposeraient les différentes histoires d'esclavage. Chaque histoire mérite d'être racontée pour ce qu'elle est, sans forcément hiérarchiser les souffrances.

Isabelle: I agree. It would be interesting to explore that period further and make it better known to the public. But we shouldn't make comparisons that pit different histories of slavery against each other. Every story deserves to be told for what it is, without necessarily ranking the suffering.

Victor : C'est vrai, mais ça me dérange qu'on parle toujours de l'esclavage transatlantique comme si c'était le seul qui ait existé. L'esclavage des Européens dans le monde islamique a duré des siècles, et pourtant, c'est à peine mentionné dans les livres d'histoire.

Victor: That's true, but it bothers me that we always talk about transatlantic slavery as if it's the only one that existed. The enslavement of Europeans in the Islamic world lasted for centuries, and yet it's barely mentioned in history books.

Isabelle : Peut-être qu'on pourrait faire plus pour en parler, c'est certain. Mais je pense que c'est aussi une question de sensibilisation. Beaucoup de gens ne connaissent tout simplement pas cette histoire, et il faut plus d'efforts pour l'enseigner.

Isabelle: Maybe we could do more to talk about it, that's for sure. But I think it's also a matter of awareness. A lot of people simply don't know this history, and more effort is needed to teach it.

Victor : C'est clair. C'est une page de l'histoire qu'il est temps de tourner, mais qu'on doit aussi reconnaître. Parce que les Européens ont aussi été victimes de l'esclavage, et ce serait une erreur de l'oublier.

Victor: Absolutely. It's a page of history that it's time to turn, but we also need to recognise it. Because Europeans were also victims of slavery, and it would be a mistake to forget that.

Isabelle : Oui, et en reconnaissant toutes les formes d'esclavage, on peut mieux comprendre l'ampleur de cette pratique à travers l'histoire. Que ce soit en Afrique, en Europe ou ailleurs, l'esclavage a laissé des traces profondes. C'est à nous de faire en sorte que ces histoires ne soient jamais oubliées.

Isabelle: Yes, and by acknowledging all forms of slavery, we can better understand the scope of this practice throughout history. Whether in Africa, Europe, or elsewhere, slavery has left deep marks. It's up to us to ensure these stories are never forgotten.

Victor : Exactement.

Victor: Exactly.

La traite des esclaves dans l'océan Indien : Un débat sur une histoire méconnue

Sébastien : Tu savais que la traite des esclaves dans l'océan Indien a duré plus de mille ans ? Et qu'elle n'a pris fin officiellement qu'en 1962, avec des milliers d'Africains encore réduits en esclavage en Arabie saoudite ?

Sébastien: Did you know that the Indian Ocean slave trade lasted for over a thousand years? And that it only officially ended in 1962, with thousands of Africans still enslaved in Saudi Arabia?

Camille : Oui, c'est une histoire qu'on ne raconte pas assez. Quand on parle d'esclavage, on pense toujours à la traite transatlantique, mais la traite des esclaves dans l'océan Indien a été tout aussi massive et traumatisante pour les populations africaines.

Camille: Yes, it's a story that's not told enough. When we talk about slavery, we always think of the transatlantic trade, but the Indian Ocean slave trade was just as massive and traumatic for African populations.

Sébastien : Ce qui me choque, c'est qu'on en parle si peu. On dirait que cette partie de l'histoire a été effacée. Pourtant, des millions d'Africains ont été capturés, vendus et réduits en esclavage pendant des siècles par des marchands arabes et musulmans.

Sébastien: What shocks me is how little it's talked about. It feels like this part of history has been erased. Yet, millions of Africans were captured, sold, and enslaved for centuries by Arab and Muslim traders.

Camille : Je suis d'accord. C'est une page de l'histoire souvent oubliée. Il y a eu des réseaux de traite très actifs entre l'Afrique de l'Est, le Moyen-Orient, et même l'Inde. Les esclaves étaient transportés par voie maritime vers des marchés comme Zanzibar, Mascate, et Djeddah.

Camille: I agree. It's a forgotten chapter of history. There were very active slave trade networks between East Africa, the Middle East, and even India. Slaves were transported by sea to markets like Zanzibar, Muscat, and Jeddah.

Sébastien : Ce qui est encore plus frappant, c'est la durée de cette traite. Mille ans ! C'est beaucoup plus long que la traite transatlantique. Et pourtant, on en parle comme si c'était un simple détail. On minimise les souffrances de ces millions de personnes.

Sébastien: What's even more striking is the length of this trade. A thousand years! That's much longer than the transatlantic slave trade. And yet, we talk about it as if it were a mere footnote. We're downplaying the suffering of these millions of people.

Camille : Peut-être parce que les effets sont moins visibles aujourd'hui. Les descendants des esclaves de la traite transatlantique sont encore très présents en Amérique, avec toutes les problématiques raciales que cela implique. Alors que dans le monde arabe, cette question semble être plus silencieuse.

Camille: Maybe it's because the effects are less visible today. The descendants of the transatlantic slave trade are still very present in the Americas, with all the racial issues that entails. Whereas in the Arab world, this issue seems to be more silent.

Sébastien : Silencieuse parce que les esclaves africains ont été souvent assimilés, ou parce qu'ils n'ont jamais eu la possibilité de revendiquer leur histoire ? On parle de sociétés où l'esclavage a été aboli seulement en 1962. C'est tout récent !

Sébastien: Silent because African slaves were often assimilated, or because they never had the opportunity to claim their history? We're talking about societies where slavery was only abolished in 1962. That's very recent!

Camille : Oui, et c'est un sujet délicat. Il y a des pays, comme l'Arabie saoudite ou certains États du Golfe, où la question de l'esclavage est encore taboue. Il y a même des témoignages de personnes qui affirment que l'esclavage clandestin existe encore, même si officiellement aboli.

Camille: Yes, and it's a delicate topic. There are countries, like Saudi Arabia or some Gulf States, where the issue of slavery is still taboo. There are even testimonies from people who claim that clandestine slavery still exists, despite being officially abolished.

Sébastien : C'est incroyable de penser qu'en 1962, il y avait encore des esclaves en Arabie saoudite. On parle de l'époque des droits civiques aux États-Unis, de la décolonisation en Afrique, et à côté de ça, des Africains étaient encore vendus comme des biens de consommation.

Sébastien: It's incredible to think that in 1962, there were still slaves in Saudi Arabia. We're talking about the civil rights era in the US, the decolonisation of Africa, and meanwhile, Africans were still being sold like consumer goods.

Camille : Oui, c'est choquant. Mais c'est aussi une histoire qui a laissé des traces profondes. La traite dans l'océan Indien a arraché des générations entières de leur terre. Des millions d'hommes, de femmes et d'enfants ont été capturés, transportés et vendus. On a souvent tendance à penser que seuls les Européens étaient responsables de l'esclavage, mais cette traite montre que c'était un phénomène beaucoup plus global.

Camille: Yes, it's shocking. But it's also a history that left deep scars. The Indian Ocean trade tore entire generations from their land. Millions of men, women, and children were captured, transported, and sold. We tend to think that only Europeans were responsible for slavery, but this trade shows that it was a much more global phenomenon.

Sébastien : Ce qui est encore plus troublant, c'est le peu de réparations ou de reconnaissance qu'il y a eu de la part des États concernés. Contrairement à la traite transatlantique, où il y a eu des débats sur les réparations, ici on en parle à peine. C'est comme si on voulait effacer cette histoire.

Sébastien: What's even more troubling is the lack of reparations or recognition from the states involved. Unlike the transatlantic trade, where there have been debates about reparations, here it's barely mentioned. It's as if we want to erase this history.

Camille : C'est vrai. Les pays arabes ou musulmans n'ont pas vraiment affronté cette partie de leur passé. Il y a un silence autour de cette question, comme si ça ne faisait pas partie de l'histoire officielle. Et pourtant, l'impact sur les populations africaines a été énorme.

Camille: That's true. Arab or Muslim countries haven't really confronted this part of their past. There's a silence around this issue, as if it's not part of the official history. And yet, the impact on African populations was enormous.

Sébastien : C'est ça qui me dérange. On dirait que certaines histoires d'esclavage sont plus "acceptables" à enseigner que d'autres. Quand il s'agit des Européens, on n'hésite pas à parler des crimes commis. Mais dès qu'on évoque l'esclavage pratiqué par d'autres civilisations, c'est le silence.

Sébastien: That's what bothers me. It seems like some histories of slavery are more "acceptable" to teach than others. When it's about Europeans, we don't hesitate to talk about the crimes committed. But as soon as we mention slavery practised by other civilisations, there's silence.

Camille : Il ne faut pas non plus tomber dans la comparaison des souffrances. Chaque traite, chaque système d'esclavage a été horrible à sa manière. Mais je suis d'accord que cette traite-là mérite d'être mieux connue et enseignée. On ne peut pas la passer sous silence simplement parce qu'elle ne correspond pas à notre vision habituelle de l'esclavage.

Camille: We shouldn't fall into comparing suffering either. Every trade, every system of slavery was horrific in its own way. But I agree that this trade deserves to be better known and taught. We can't silence it simply because it doesn't fit our usual view of slavery.

Sébastien : Exactement. D'ailleurs, certains historiens estiment que jusqu'à 17 millions d'Africains ont été victimes de cette traite. Ce n'est pas négligeable ! On parle de générations d'Africains déportés vers le Moyen-Orient, l'Inde, ou encore l'Asie centrale. C'est un commerce qui a duré des siècles, sans parler de la violence des raids qui ont dévasté les côtes africaines.

Sébastien: Exactly. In fact, some historians estimate that up to 17 million Africans were victims of this trade. That's not insignificant! We're talking about generations of Africans deported to the Middle East, India, or even Central Asia. It was a trade that lasted for centuries, not to mention the violent raids that devastated African coasts.

Camille : Et beaucoup de ces esclaves n'ont pas survécu au voyage ou aux conditions de vie sur place. Les femmes étaient souvent prises comme concubines, les hommes comme soldats ou travailleurs forcés. C'était une vie de servitude sans espoir de liberté.

Camille: And many of these slaves didn't survive the journey or the living conditions once they arrived. Women were often taken as concubines, men as soldiers or forced labourers. It was a life of servitude with no hope of freedom.

Sébastien : C'est d'autant plus révoltant qu'on n'en parle pas dans les débats actuels sur l'esclavage et le racisme. On se concentre sur la traite transatlantique, mais il y a eu d'autres formes d'esclavage, tout aussi brutales. Ce silence, c'est une forme d'injustice.

Sébastien: It's all the more outrageous that we don't talk about it in current debates on slavery and racism. We focus on the transatlantic trade, but there were other forms of slavery, just as brutal. This silence is a form of injustice.

Camille : Peut-être que c'est justement parce que cette histoire est encore trop proche. L'abolition est récente, les sociétés concernées n'ont pas eu le temps ou la volonté de faire un travail de mémoire sur ce passé. Il faudrait plus de recherches, plus d'enseignement sur cette période pour qu'elle soit pleinement reconnue.

Camille: Maybe it's because this history is still too recent. The abolition was recent, and the societies involved haven't had the time or the will to do the work of remembering this past. We need more research, more education about this period for it to be fully acknowledged.

Sébastien : Oui, parce que l'esclavage dans l'océan Indien a eu des répercussions qui sont encore visibles aujourd'hui. Il est grand temps qu'on mette cette histoire en lumière et qu'on reconnaisse l'ampleur de ce commerce humain.

Sébastien: Yes, because slavery in the Indian Ocean had repercussions that are still visible today. It's high time we shed light on this history and recognise the scale of this human trade.

Camille : Tout à fait. C'est une responsabilité collective de ne pas laisser cette partie de l'histoire sombrer dans l'oubli. Que ce soit dans l'océan Indien ou ailleurs, l'esclavage a touché des millions de vies et continue de façonner notre monde moderne.

Camille: Absolutely. It's a collective responsibility not to let this part of history sink into oblivion. Whether in the Indian Ocean or elsewhere, slavery affected millions of lives and continues to shape our modern world.

Sébastien : Et c'est à nous de veiller à ce que toutes ces voix soient entendues, pas seulement celles qui correspondent à la version la plus enseignée de l'histoire.

Sébastien: And it's up to us to ensure that all these voices are heard, not just those that fit the most commonly taught version of history.

L'esclavage et l'abolitionnisme : Un débat sur le rôle de l'Occident et la traite islamique

Julien : Tu savais que l'esclavage a existé dans presque toutes les civilisations bien avant les enregistrements écrits ? C'est une pratique mondiale qui ne se limite pas seulement à l'Europe et à l'Amérique.

Julien: Did you know that slavery existed in almost every civilisation long before written records? It's a global practice that isn't limited to Europe and America.

Marie : Oui, l'esclavage a été pratiqué dans de nombreuses cultures, mais ce qui est moins souvent discuté, c'est l'ampleur de la traite islamique-arabe. On parle toujours de la traite transatlantique, mais il y a eu au moins 17 millions d'Africains et plusieurs millions d'Européens qui ont été asservis par la traite islamique, qui a duré plus de mille ans.

Marie: Yes, slavery was practised in many cultures, but what is less often discussed is the scale of the Islamic-Arabic slave trade. We always talk about the transatlantic trade, but at least 17 million Africans and several million Europeans were enslaved by the Islamic trade, which lasted over a thousand years.

Julien : C'est vrai. L'esclavage dans le monde islamique est une histoire qui est souvent minimisée. Pourtant, c'était l'un des systèmes d'esclavage les plus importants et les plus durables dans l'histoire, et il a eu un impact profond sur des régions entières, notamment en Afrique.

Julien: That's true. Slavery in the Islamic world is a story that is often downplayed. Yet, it was one of the most significant and long-lasting systems of slavery in history, and it had a profound impact on entire regions, especially in Africa.

Marie : Ce qui est encore plus surprenant, c'est que ce système a continué jusque dans le 20e siècle. En Arabie saoudite, il y avait encore des esclaves au début des années 1960. On parle de 300 000 esclaves à cette époque, et c'est seulement en 1962 que l'esclavage a été officiellement aboli.

Marie: What's even more surprising is that this system continued into the 20th century. In Saudi Arabia, there were still slaves in the early 1960s. We're talking about 300,000 slaves at that time, and it was only in 1962 that slavery was officially abolished.

Julien : Oui, et c'est aussi là qu'intervient le rôle crucial de la Royal Navy britannique dans l'abolition de l'esclavage. Dès 1807, le Parlement britannique a déclaré illégale la traite des esclaves dans tout l'Empire britannique, et la marine royale a commencé à patrouiller dans l'océan Atlantique, puis dans l'océan Indien, pour arrêter les navires négriers.

Julien: Yes, and this is where the crucial role of the British Royal Navy comes in with the abolition of slavery. In 1807, the British Parliament declared the slave trade illegal throughout the British Empire, and the Royal Navy began patrolling the Atlantic, and later the Indian Ocean, to stop slave ships.

Marie : Exactement. Entre 1808 et 1860, la Royal Navy a saisi environ 1 600 navires négriers et libéré 150 000 Africains. Ce qui est frappant, c'est que près de 90 % des efforts pour mettre fin à la traite des esclaves étaient portés par les Britanniques. Ils ont pris un rôle très actif dans la suppression de ce commerce, à un coût humain énorme.

Marie: Exactly. Between 1808 and 1860, the Royal Navy seized around 1,600 slave ships and freed 150,000 Africans. What's striking is that nearly 90% of the efforts to end the slave trade were driven by the British. They played a very active role in suppressing this trade, at a huge human cost.

Julien : Oui, beaucoup de marins britanniques sont morts dans ces opérations, notamment à cause des combats ou des maladies. Pour chaque neuf esclaves libérés, un marin mourait. En 52 ans, environ

17 000 hommes ont perdu la vie dans ces efforts pour abolir l'esclavage.

Julien: Yes, many British sailors died in these operations, mainly due to combat or disease. For every nine slaves freed, one sailor died. Over 52 years, about 17,000 men lost their lives in these efforts to abolish slavery.

Marie : On oublie souvent que ces actions ont eu un impact majeur. Alors que la traite transatlantique est généralement la plus discutée, la Royal Navy a également joué un rôle clé dans la suppression de la traite islamique des esclaves dans l'océan Indien. Ce système d'esclavage a duré plus de mille ans et a dévasté une grande partie de l'Afrique.

Marie: We often forget that these actions had a major impact. While the transatlantic trade is usually the most discussed, the Royal Navy also played a key role in suppressing the Islamic slave trade in the Indian Ocean. This system of slavery lasted over a thousand years and devastated large parts of Africa.

Julien : Oui, et il faut bien comprendre que l'esclavage n'était pas seulement économique. Dans le monde islamique, c'était aussi un outil de domination culturelle et religieuse. De nombreuses sociétés et cultures non musulmanes en Afrique ont été détruites ou affaiblies par ce système.

Julien: Yes, and it's important to understand that slavery wasn't just economic. In the Islamic world, it was also a tool of cultural and religious domination. Many non-Muslim societies and cultures in Africa were destroyed or weakened by this system.

Marie : Et ce n'était pas seulement des Africains. Des Européens aussi ont été capturés par des pirates barbaresques et vendus comme esclaves dans le monde islamique. Des milliers de villages sur les côtes méditerranéennes ont été attaqués, et des habitants européens ont été déportés et réduits en esclavage.

Marie: And it wasn't only Africans. Europeans were also captured by Barbary pirates and sold as slaves in the Islamic world. Thousands of villages along the Mediterranean coasts were attacked, and European inhabitants were deported and enslaved.

Julien : C'est une partie de l'histoire qui est souvent négligée dans nos manuels scolaires. Pourtant, elle est fondamentale pour comprendre les relations entre l'Europe, l'Afrique et le Moyen-Orient. Le fait que l'esclavage dans le monde islamique ait perduré si longtemps, jusqu'au 20e siècle, montre à quel point cette pratique était enracinée.

Julien: This is a part of history that is often overlooked in our school textbooks. Yet, it's fundamental to understanding the relationships between Europe, Africa, and the Middle East. The fact that slavery in the Islamic world persisted for so long, up to the 20th century, shows how deeply rooted this practice was.

Marie : Ce qui me frappe, c'est que, malgré l'importance de ces événements, on n'en parle pas beaucoup. L'accent est toujours mis sur la traite transatlantique, qui était évidemment horrible, mais l'histoire de la traite islamique-arabe mérite aussi une reconnaissance pour son ampleur et ses effets durables.

Marie: What strikes me is that despite the importance of these events, we don't talk about them much. The focus is always on the transatlantic trade, which was obviously horrific, but the story of the Islamic-Arabic slave trade also deserves recognition for its scale and lasting effects.

Julien : C'est vrai, et cela soulève aussi la question de la manière dont l'histoire est racontée. Pourquoi mettons-nous toujours l'accent sur les crimes des Européens et parlons moins de ceux commis dans d'autres parties du monde ? La traite islamique a touché des millions de personnes, mais elle semble être reléguée au second plan dans les discussions sur l'esclavage.

Julien: That's true, and it raises the question of how history is told. Why do we always focus on the crimes of Europeans and talk less about those committed in other parts of the world? The Islamic trade affected millions of people, but it seems to be relegated to the background in discussions about slavery.

Marie : Je pense que cela vient en partie de la manière dont l'histoire a été écrite, et aussi de la réticence de certains pays à affronter ce passé. Dans beaucoup de pays du monde arabe, il n'y a pas eu de véritable travail de mémoire sur l'esclavage comme on a pu le voir en Europe ou aux États-Unis.

Marie: I think it partly comes from the way history was written and also from the reluctance of some countries to confront this past. In many Arab countries, there hasn't been a real reckoning with slavery, as we've seen in Europe or the United States.

Julien : C'est certain. Il y a encore beaucoup de tabous autour de cette histoire, et cela complique la possibilité d'en parler ouvertement. Pourtant, reconnaître cette histoire est essentiel pour comprendre les dynamiques actuelles entre ces régions du monde.

Julien: Definitely. There are still many taboos surrounding this history, and that makes it difficult to talk about openly. Yet, acknowledging this history is essential for understanding the current dynamics between these regions of the world.

Marie : Absolument. Il est important de reconnaître que l'abolition de l'esclavage n'était pas une évidence. Si la Royal Navy n'avait pas pris ces mesures, l'esclavage aurait pu continuer encore plus longtemps. Leur intervention a vraiment changé le cours de l'histoire, même si cela s'est fait au prix de nombreux sacrifices.

Marie: Absolutely. It's important to recognise that the abolition of slavery wasn't a given. If the Royal Navy hadn't taken these measures, slavery could have continued even longer. Their intervention truly changed the course of history, though it came at the cost of many sacrifices.

Julien : Oui, et c'est un rappel que la lutte contre l'esclavage a été mondiale, et qu'elle a impliqué des efforts immenses de la part de certains pays pour éradiquer cette pratique. C'est une leçon que nous devrions garder à l'esprit aujourd'hui.

Julien: Yes, and it's a reminder that the fight against slavery was global, and that it involved immense efforts from some countries to eradicate this practice. It's a lesson we should keep in mind today.

Marie : Tout à fait. Nous devons continuer à parler de toutes les formes d'esclavage, qu'elles soient européennes, arabes ou autres, afin d'avoir une compréhension complète de cette histoire et de ses conséquences mondiales.

Marie: Absolutely. We must continue to talk about all forms of slavery, whether European, Arab, or others, in order to fully understand this history and its global consequences.

Immigration vs. sécurité nationale : Un débat sur les priorités de l'État

Sophie : Tu penses vraiment que l'immigration pose une menace pour la sécurité nationale ? Je trouve que c'est une vision un peu alarmiste.

Sophie: Do you really think immigration poses a threat to national security? I find that view a bit alarmist.

Paul : Ce n'est pas une question d'être alarmiste, Sophie. C'est une question de réalisme. L'immigration, surtout non contrôlée, peut poser des risques pour la sécurité nationale. Il suffit de voir les attaques terroristes de ces dernières années. Certains des assaillants étaient des immigrés ou des enfants d'immigrés.

Paul: It's not about being alarmist, Sophie. It's about being realistic. Immigration, especially uncontrolled, can pose risks to national security. Just look at the terrorist attacks in recent years. Some of the attackers were immigrants or children of immigrants.

Sophie : Oui, mais tu ne peux pas généraliser. La majorité des immigrants viennent chercher une vie meilleure, fuir des guerres ou des crises économiques. Ce sont souvent des gens vulnérables qui ne demandent qu'à s'intégrer. Il ne faut pas les traiter comme des menaces.

Sophie: Yes, but you can't generalise. The majority of immigrants come seeking a better life, fleeing wars or economic crises. They're often vulnerable people who just want to integrate. We shouldn't treat them as threats.

Paul : Je ne dis pas que tous les immigrants sont dangereux, bien sûr. Mais il est naïf de penser qu'il n'y a pas de risques. Les flux migratoires peuvent être infiltrés par des individus mal intentionnés. Les services de renseignement le disent eux-mêmes : il y a des failles dans le système, et certains en profitent pour entrer illégalement.

Paul: I'm not saying all immigrants are dangerous, of course. But it's naive to think there are no risks. Migration flows can be infiltrated by ill-intentioned individuals. Intelligence services say it themselves: there are gaps in the system, and some take advantage of them to enter illegally.

Sophie : Mais ces cas restent minoritaires. Est-ce qu'on doit vraiment baser toute notre politique migratoire sur quelques incidents isolés ? Les restrictions excessives en matière d'immigration créent plus de tensions sociales et de marginalisation.

Sophie: But those cases are still in the minority. Should we really base our entire immigration policy on a few isolated incidents? Excessive immigration restrictions create more social tensions and marginalisation.

Paul : Mais la sécurité nationale ne se joue pas à la majorité, Sophie. Il suffit d'une seule personne radicalisée pour causer un drame. Il faut des contrôles stricts pour garantir que les personnes qui entrent dans le pays n'ont pas de mauvaises intentions. Ce n'est pas une question de fermer les frontières, mais de mieux contrôler qui entre.

Paul: But national security isn't about the majority, Sophie. It only takes one radicalised person to cause a disaster. We need strict controls to ensure that those entering the country don't have bad intentions. It's not about closing the borders, but about better controlling who comes in.

Sophie : Et tu ne penses pas que cette obsession pour la sécurité risque de nourrir l'islamophobie et le racisme ? Les contrôles excessifs, la surveillance accrue des populations issues de l'immigration... Tout ça contribue à un climat de méfiance et de stigmatisation, ce qui ne fait qu'aggraver les tensions.

Sophie: And don't you think this obsession with security risks fuelling Islamophobia and racism? Excessive controls, increased surveillance of immigrant populations... All of this contributes to a climate of mistrust and stigmatisation, which only worsens tensions.

Paul : Je suis d'accord que les discriminations sont un problème, mais on ne peut pas ignorer les risques pour autant. Les États ont la responsabilité de protéger leurs citoyens. Lutter contre le terrorisme et les menaces potentielles est une priorité. Si cela nécessite des contrôles renforcés, alors c'est un mal nécessaire.

Paul: I agree that discrimination is a problem, but we can't ignore the risks either. States have a responsibility to protect their citizens. Fighting terrorism and potential threats is a priority. If that requires enhanced controls, then it's a necessary evil.

Sophie : Je comprends l'importance de la sécurité, mais il y a des façons de le faire sans stigmatiser. L'intégration est la clé. Si on donne aux immigrants les moyens de s'intégrer, de trouver un emploi, d'avoir accès à l'éducation, on réduit le risque de radicalisation.

Sophie: I understand the importance of security, but there are ways to do it without stigmatising. Integration is key. If we give immigrants the means to integrate, find employment, and access education, we reduce the risk of radicalisation.

Paul : C'est vrai, l'intégration est essentielle. Mais elle prend du temps, et il faut aussi s'assurer que les nouvelles populations partagent les valeurs fondamentales du pays d'accueil. Sinon, on risque de créer des communautés parallèles qui ne s'intègrent pas, ce qui peut être source de conflits.

Paul: That's true, integration is essential. But it takes time, and we also need to ensure that new populations share the fundamental values of the host country. Otherwise, we risk creating parallel communities that don't integrate, which can be a source of conflict.

Sophie : Mais ces "valeurs" dont tu parles, qui les définit ? Est-ce qu'on ne risque pas de rejeter des cultures et des croyances différentes sous prétexte qu'elles ne correspondent pas à ce qu'on considère comme acceptable ?

Sophie: But these "values" you're talking about, who defines them? Aren't we at risk of rejecting different cultures and beliefs just because they don't match what we consider acceptable?

Paul : Il ne s'agit pas de rejeter des cultures, mais de garantir que tous ceux qui vivent ici respectent les lois et les principes fondamentaux de la société, comme l'égalité homme-femme ou la liberté d'expression. Ce sont des valeurs non négociables, peu importe d'où vient la personne.

Paul: It's not about rejecting cultures, but ensuring that everyone living here respects the laws and the fundamental principles of society, like gender equality or freedom of expression. These are non-negotiable values, no matter where someone comes from.

Sophie : Je suis d'accord sur les lois, mais ça ne justifie pas un contrôle excessif des populations immigrées. La plupart respectent déjà ces principes. En plus, en se focalisant trop sur la sécurité, on finit par oublier l'humanité de ces personnes. Beaucoup fuient des situations terribles et méritent notre soutien.

Sophie: I agree on the laws, but that doesn't justify excessive control of immigrant populations. Most of them already respect these principles. Also, by focusing too much on security, we end up forgetting the humanity of these people. Many are fleeing terrible situations and deserve our support.

Paul : Je ne dis pas qu'il ne faut pas les aider, mais le pays ne peut pas accueillir tout le monde sans distinction. Il y a des limites à ce que nos infrastructures peuvent supporter, que ce soit en termes de logement, d'éducation ou de services sociaux. On ne peut pas sacrifier la sécurité et la stabilité au nom de la solidarité.

Paul: I'm not saying we shouldn't help them, but the country can't welcome everyone without distinction. There are limits to what our infrastructure can support, whether in terms of housing, education, or social services. We can't sacrifice security and stability in the name of solidarity.

Sophie : C'est une question de priorités. Pour moi, la solidarité et l'humanisme doivent primer. Si on ferme la porte à ceux qui fuient des guerres ou des persécutions, on trahit les valeurs de fraternité et d'accueil qui sont au cœur de notre société.

Sophie: It's a matter of priorities. For me, solidarity and humanism must come first. If we close the door to those fleeing wars or persecution, we betray the values of brotherhood and hospitality that are at the heart of our society.

Paul : Et pour moi, la première responsabilité de l'État est de protéger ses citoyens et de garantir la sécurité du pays. Sans sécurité, il n'y a pas de société stable, et donc pas de place pour l'intégration ou la solidarité.

Paul: And for me, the state's first responsibility is to protect its citizens and ensure the country's security. Without security, there's no stable society, and therefore no room for integration or solidarity.

Sophie : C'est un équilibre délicat. Mais j'ai l'impression que plus on insistera sur la sécurité, plus on divisera la société. Nous devons trouver une manière d'accueillir les gens sans les traiter comme des menaces potentielles.

Sophie: It's a delicate balance. But I feel that the more we focus on security, the more we'll divide society. We need to find a way to welcome people without treating them as potential threats.

Paul : Peut-être, mais cet équilibre entre sécurité et ouverture n'est pas facile à trouver. Tant qu'on n'aura pas une meilleure gestion de l'immigration, la sécurité nationale devra rester une priorité.

Paul: Maybe, but this balance between security and openness isn't easy to achieve. Until we have better management of immigration, national security will have to remain a priority.

Responsabilité face au changement climatique : Un débat sur les coupables et les solutions

Élodie : Tu penses vraiment que tout le monde est responsable du changement climatique ? Personnellement, je crois que ce sont les grandes entreprises et les gouvernements qui devraient porter la plus grande part de la culpabilité.

Élodie: Do you really think everyone is responsible for climate change? Personally, I believe it's the big companies and governments who should bear the majority of the blame.

Maxime : Oui, c'est sûr que les grandes entreprises ont une énorme responsabilité, mais on ne peut pas tout leur mettre sur le dos. Chacun d'entre nous a un rôle à jouer. Nos modes de vie, notre consommation excessive, tout ça contribue à aggraver la situation.

Maxime: Yes, big companies certainly have a huge responsibility, but we can't put it all on them. Each of us has a role to play. Our lifestyles, our excessive consumption, all of that contributes to making the situation worse.

Élodie : Je ne dis pas que les gens n'ont aucune part de responsabilité, mais il faut être réaliste. Quand 100 entreprises sont responsables de 71 % des émissions mondiales de gaz à effet de serre, ce n'est pas en demandant aux individus de réduire leur consommation d'eau ou d'électricité que ça va changer la donne.

Élodie: I'm not saying people have no responsibility, but we need to be realistic. When 100 companies are responsible for 71% of global greenhouse gas emissions, asking individuals to cut back on their water or electricity use isn't going to make a difference.

Maxime : Tu as raison, les entreprises doivent absolument être tenues pour responsables. Mais si on ne change pas nos habitudes, on reste complices du système. Si on continue à acheter des produits polluants, à voyager sans penser à l'impact, on ne fait qu'encourager ces entreprises à persister dans leur modèle destructeur.

Maxime: You're right, companies absolutely need to be held accountable. But if we don't change our habits, we remain complicit in the system. If we keep buying polluting products and travelling without thinking of the impact, we're only encouraging these companies to persist in their destructive models.

Élodie : C'est vrai, mais le problème est systémique. On ne peut pas simplement blâmer les consommateurs alors que tout est fait pour qu'on consomme toujours plus. Les publicités, la surproduction, la mode rapide... Tout est conçu pour nous pousser à acheter encore et encore, même si on sait que c'est mauvais pour la planète.

Élodie: That's true, but the problem is systemic. We can't just blame consumers when everything is designed to make us consume more. Advertising, overproduction, fast fashion... Everything is built to push us to keep buying, even though we know it's bad for the planet.

Maxime : Je suis d'accord que le système économique est fondamentalement problématique. Mais cela n'exonère pas les individus de leurs responsabilités. On peut choisir de consommer autrement, d'acheter local, de réduire notre empreinte. Si on attend que les gouvernements et les multinationales fassent tout le travail, on risque d'attendre longtemps.

Maxime: I agree that the economic system is fundamentally flawed. But that doesn't absolve individuals of their responsibilities. We can choose to consume differently, buy locally, reduce our footprint. If we wait for governments and multinationals to do all the work, we'll be waiting a long time.

Élodie : C'est là que je ne suis pas d'accord. Tant qu'il n'y aura pas de régulations strictes imposées aux entreprises, rien ne changera vraiment. On ne peut pas résoudre une crise aussi grave avec des petits gestes individuels. Il faut des lois fortes, des sanctions pour les pollueurs, et une transformation radicale du système économique.

Élodie: That's where I disagree. Until there are strict regulations imposed on companies, nothing will really change. We can't solve a crisis this severe with small individual actions. We need strong laws, penalties for polluters, and a radical transformation of the economic system.

Maxime : Et tu penses vraiment que les gouvernements vont agir d'eux-mêmes ? Beaucoup sont trop dépendants des grandes entreprises et de leurs lobbyistes. Tant qu'il n'y aura pas une pression populaire forte, ils n'auront aucune raison de changer quoi que ce soit.

Maxime: And do you really think governments will act on their own? Many are too dependent on big companies and their lobbyists. Unless there's strong public pressure, they'll have no reason to change anything.

Élodie : Mais c'est justement ça le rôle des citoyens : mettre la pression sur les gouvernements pour qu'ils prennent des mesures. Participer aux manifestations, voter pour des partis écologistes, exiger des lois plus strictes sur les émissions de carbone... C'est plus efficace que d'espérer que chaque individu change ses habitudes.

Élodie: But that's exactly the role of citizens: to put pressure on governments to take action. Participate in protests, vote for green parties, demand stricter laws on carbon emissions... That's more effective than hoping every individual changes their habits.

Maxime : Je suis d'accord qu'il faut une pression collective, mais les actions individuelles sont aussi importantes. Si tout le monde réduisait sa consommation de viande, par exemple, l'impact sur les émissions de gaz à effet de serre serait énorme. On ne peut pas juste se déresponsabiliser en disant que c'est aux autres de faire le travail.

Maxime: I agree that collective pressure is needed, but individual actions are also important. If everyone reduced their meat consumption, for example, the impact on greenhouse gas emissions would be huge. We can't just absolve ourselves by saying it's someone else's job to fix it.

Élodie : Bien sûr, chaque geste compte, mais il ne faut pas que cela devienne un prétexte pour ne pas agir à un niveau plus global. Tant qu'il n'y aura pas de réformes profondes, les efforts individuels resteront marginaux. Les vrais leviers sont dans les mains des gouvernements et des grandes entreprises.

Élodie: Of course, every action counts, but we can't let that become an excuse not to act on a more global level. Until there are deep reforms, individual efforts will remain marginal. The real levers are in the hands of governments and big companies.

Maxime : Mais si les citoyens ne changent pas eux-mêmes, pourquoi les gouvernements ou les entreprises le feraient-ils ? Si la demande pour des produits polluants reste forte, les entreprises continueront à les produire. C'est une question de marché.

Maxime: But if citizens don't change themselves, why would governments or companies? If demand for polluting products remains high, companies will continue to produce them. It's a market issue.

Élodie : Tu crois vraiment qu'on peut changer le système simplement en modifiant la demande ? Ce n'est pas comme ça que ça fonctionne. Ce sont les grandes entreprises qui créent la demande en bombardant les gens de publicités. On ne peut pas juste blâmer les consommateurs pour suivre les tendances que les entreprises elles-mêmes imposent.

Élodie: Do you really think we can change the system just by changing demand? That's not how it works. It's the big companies who create demand by bombarding people with ads. We can't just blame consumers for following trends that the companies themselves set.

Maxime : Je pense qu'on a tous un pouvoir en tant que consommateurs. Si on arrête d'acheter des produits issus de la surproduction ou des énergies fossiles, ça force les entreprises à s'adapter. Regarde ce qui se passe avec les voitures électriques ou le bio. C'est la demande des consommateurs qui a poussé le marché à évoluer.

Maxime: I think we all have power as consumers. If we stop buying overproduced goods or fossil fuel-based products, it forces companies to adapt. Look at what's happening with electric cars or organic products. It's consumer demand that pushed the market to evolve.

Élodie : Oui, mais ces changements sont encore trop lents. On n'a pas le temps d'attendre que le marché s'adapte. Le changement climatique s'accélère, et on a besoin d'actions beaucoup plus rapides. Si on continue à laisser les entreprises dicter le rythme, on ne s'en sortira pas.

Élodie: Yes, but these changes are still too slow. We don't have time to wait for the market to adapt. Climate change is accelerating, and we need much faster action. If we keep letting companies set the pace, we won't make it.

Maxime : C'est là que la politique entre en jeu. Je suis d'accord qu'il faut des régulations et des lois plus strictes. Mais en attendant, on ne peut pas rester les bras croisés. Chaque geste compte, même s'il paraît insignifiant. Si tout le monde attend que les autres agissent, rien ne bougera.

Maxime: That's where politics comes in. I agree that we need stricter regulations and laws. But in the meantime, we can't just sit back and do nothing. Every action counts, even if it seems insignificant. If everyone waits for others to act, nothing will change.

Élodie : C'est vrai. Mais il ne faut pas non plus que les gouvernements se déchargent de leurs responsabilités sur les citoyens en prônant uniquement les "éco-gestes". Les grandes décisions doivent venir d'en haut, sinon on court à la catastrophe.

Élodie: That's true. But governments shouldn't offload their responsibilities onto citizens by only promoting "eco-friendly actions." The big decisions must come from the top, or we're headed for disaster.

Maxime : On est d'accord là-dessus. Mais je crois vraiment qu'un changement de mentalité collective, au niveau des individus, est essentiel. Si on parvient à combiner pression populaire, gestes individuels et réformes politiques, on peut encore inverser la tendance.

Maxime: We agree on that. But I really believe that a collective shift in mentality, at the individual level, is essential. If we can combine public pressure, individual actions, and political reforms, we can still turn things around.

Élodie : Oui, mais le temps presse. Il faut que tout ça arrive vite, et pas dans dix ans.

Élodie: Yes, but time is running out. All of this needs to happen quickly, not in ten years.

Énergie nucléaire vs. énergies renouvelables : Un débat sur l'avenir énergétique

Thomas : Tu penses vraiment que les énergies renouvelables peuvent remplacer l'énergie nucléaire à elles seules ?

Thomas: Do you really think renewable energy can replace nuclear energy on its own?

Julie : Absolument ! Les énergies renouvelables sont l'avenir. Elles sont propres, inépuisables, et avec les progrès technologiques, elles deviennent de plus en plus efficaces. Le nucléaire est dangereux et coûteux. Il est temps de tourner la page.

Julie: Absolutely! Renewable energy is the future. It's clean, inexhaustible, and with technological advances, it's becoming more and more efficient. Nuclear energy is dangerous and expensive. It's time to move on.

Thomas : Je suis d'accord que les renouvelables ont un grand potentiel, mais on ne peut pas simplement abandonner le nucléaire du jour au lendemain. C'est une source d'énergie fiable, constante, et surtout, elle n'émet presque pas de CO2. Si on veut vraiment lutter contre le changement climatique, on ne peut pas se passer du nucléaire.

Thomas: I agree that renewables have great potential, but we can't just abandon nuclear energy overnight. It's a reliable, constant energy source, and most importantly, it emits almost no CO2. If we really want to fight climate change, we can't do without nuclear.

Julie : Mais le problème avec le nucléaire, ce sont les déchets radioactifs. Ils restent dangereux pendant des milliers d'années. On ne sait toujours pas comment les gérer de manière sûre à long terme. Et puis, n'oublie pas les risques d'accidents. On a vu ce que ça a donné avec Tchernobyl et Fukushima.

Julie: But the problem with nuclear energy is radioactive waste. It remains dangerous for thousands of years. We still don't know how to manage it safely in the long term. And don't forget the risks of accidents. We've seen what happened with Chernobyl and Fukushima.

Thomas : Oui, les déchets sont un problème, mais il existe des solutions en cours de développement, comme le stockage géologique profond. Et pour les accidents, la technologie a beaucoup évolué. Les réacteurs de nouvelle génération sont beaucoup plus sûrs. Les énergies renouvelables, elles, sont intermittentes. Que se passe-t-il quand il n'y a pas de vent ou pas de soleil ?

Thomas: Yes, waste is an issue, but solutions like deep geological storage are being developed. And as for accidents, technology has advanced a lot. The new generation reactors are much safer. Renewable energy, on the other hand, is intermittent. What happens when there's no wind or sun?

Julie : C'est vrai que l'intermittence est un défi, mais on peut le compenser avec des batteries de stockage et des réseaux intelligents. Et puis, on peut combiner plusieurs sources renouvelables : éolien, solaire, hydraulique, biomasse... On peut parfaitement atteindre un mix énergétique 100 % renouvelable.

Julie: It's true that intermittency is a challenge, but we can compensate with storage batteries and smart grids. And we can combine several renewable sources: wind, solar, hydro, biomass… We can perfectly achieve a 100% renewable energy mix.

Thomas : Mais les batteries de stockage, c'est loin d'être parfait. Elles sont coûteuses, elles ont une durée de vie limitée, et leur production nécessite des ressources comme le lithium, qui ne sont pas très écologiques à extraire. Le nucléaire, en revanche, peut fournir une énergie constante, 24 heures sur 24, sans dépendre des conditions météorologiques.

Thomas: But storage batteries are far from perfect. They're expensive, have a limited lifespan, and their production requires resources like lithium, which isn't very eco-friendly to extract. Nuclear energy, on the other hand, can provide constant energy, 24/7, without depending on weather conditions.

Julie : Tu as raison pour les batteries, mais ce n'est qu'une question de temps. La technologie progresse rapidement, et il y a déjà des innovations prometteuses. De plus, les renouvelables créent moins de dépendance à des ressources limitées comme l'uranium. C'est un modèle plus durable à long terme.

Julie: You're right about batteries, but it's only a matter of time. Technology is advancing rapidly, and there are already promising innovations. Plus, renewables create less dependency on limited resources like uranium. It's a more sustainable long-term model.

Thomas : Durable, peut-être, mais pas encore assez fiable pour couvrir tous nos besoins énergétiques. Regarde les pays comme la France, qui dépendent fortement du nucléaire. Ils ont une des empreintes carbone les plus faibles d'Europe. Si on arrête le nucléaire trop vite, on risque de se retrouver à dépendre des énergies fossiles pour combler le manque.

Thomas: Sustainable, maybe, but not reliable enough yet to cover all our energy needs. Look at countries like France, which rely heavily on nuclear energy. They have one of the lowest carbon footprints in Europe. If we stop nuclear too quickly, we risk depending on fossil fuels to make up the shortfall.

Julie : Mais à quel prix ? Le nucléaire coûte cher à construire et à entretenir. Les centrales prennent des décennies à être construites et coûtent des milliards. Cet argent pourrait être mieux investi dans la recherche et le développement des renouvelables. Et puis, les énergies fossiles doivent être éliminées de toute façon, avec ou sans nucléaire.

Julie: But at what cost? Nuclear is expensive to build and maintain. Plants take decades to construct and cost billions. That money could be better invested in research and development for renewables. And fossil fuels need to be eliminated anyway, with or without nuclear.

Thomas : C'est vrai que le coût de construction est élevé, mais une fois en place, les centrales nucléaires produisent de l'électricité à bas coût pendant des décennies. Et si on investit maintenant dans des réacteurs de nouvelle génération, on pourrait réduire les coûts et améliorer la sécurité. L'énergie nucléaire est une solution de transition indispensable si on veut atteindre nos objectifs climatiques rapidement.

Thomas: It's true that construction costs are high, but once in place, nuclear power plants produce low-cost electricity for decades. And if we invest now in new generation reactors, we could reduce costs and improve safety. Nuclear energy is an indispensable transition solution if we want to meet our climate targets quickly.

Julie : Je pense qu'on sous-estime le potentiel des renouvelables. Si on mettait autant d'argent dans leur développement que dans le nucléaire, on pourrait atteindre la neutralité carbone sans avoir à prendre les risques liés aux centrales nucléaires. Les catastrophes comme Fukushima nous rappellent que le risque zéro n'existe pas.

Julie: I think we underestimate the potential of renewables. If we invested as much money in their development as in nuclear, we could achieve carbon neutrality without taking the risks associated with nuclear plants. Disasters like Fukushima remind us that zero risk doesn't exist.

Thomas : Certes, le risque zéro n'existe pas, mais les probabilités d'un accident majeur sont extrêmement faibles avec les technologies actuelles. De plus, les énergies renouvelables ont aussi leurs inconvénients. Par exemple, l'éolien peut avoir un impact sur la faune et le paysage, et l'hydroélectricité peut perturber les écosystèmes fluviaux.

Thomas: Certainly, zero risk doesn't exist, but the chances of a major accident are extremely low with current technology. Plus, renewables also have their drawbacks. For example, wind power can impact wildlife and landscapes, and hydropower can disrupt river ecosystems.

Julie : Aucun système n'est parfait, c'est vrai. Mais les risques du nucléaire sont tout simplement trop élevés pour qu'on puisse les ignorer. On parle de risques qui, en cas d'accident, peuvent rendre des régions entières inhabitables pendant des siècles. Les renouvelables n'ont pas ce genre de danger. Même si elles ont des défauts, elles sont beaucoup plus sûres pour la planète et pour les générations futures.

Julie: No system is perfect, that's true. But the risks of nuclear energy are simply too high to ignore. We're talking about risks that, in case of an accident, can make entire regions uninhabitable for centuries. Renewables don't have that kind of danger. Even with their flaws, they're much safer for the planet and future generations.

Thomas : Je comprends tes préoccupations, mais je crois que dans la lutte contre le réchauffement climatique, on n'a pas le luxe de rejeter une technologie aussi puissante que le nucléaire. Le changement climatique est une urgence, et on a besoin de solutions efficaces dès maintenant. Les renouvelables seuls ne suffiront pas à court terme.

Thomas: I understand your concerns, but I believe that in the fight against climate change, we don't have the luxury of rejecting a powerful technology like nuclear energy. Climate change is an emergency, and we need effective solutions right now. Renewables alone won't be enough in the short term.

Julie : Peut-être, mais si on ne fait pas le pari des renouvelables dès aujourd'hui, on risque de rester coincés avec des technologies du passé. Le nucléaire a peut-être un rôle temporaire à jouer, mais il ne doit pas être la solution à long terme. Le futur, c'est une énergie propre, sûre et renouvelable.

Julie: Maybe, but if we don't bet on renewables today, we risk staying stuck with technologies of the past. Nuclear may have a temporary role to play, but it shouldn't be the long-term solution. The future is clean, safe, and renewable energy.

Thomas : D'accord, je te rejoins sur le fait que les énergies renouvelables doivent être notre objectif à long terme. Mais pour y arriver sans sacrifier la sécurité énergétique et les objectifs climatiques, il faut accepter que le nucléaire fasse partie de la transition.

Thomas: I agree with you that renewable energy should be our long-term goal. But to get there without sacrificing energy security and climate targets, we have to accept that nuclear will be part of the transition.

Julie : Oui, mais cette transition doit être aussi courte que possible. Le nucléaire est une solution temporaire, mais les investissements doivent aller massivement vers les renouvelables. C'est là que se trouve l'avenir énergétique.

Julie: Yes, but this transition needs to be as short as possible. Nuclear is a temporary solution, but investments must go heavily towards renewables. That's where the energy future lies.

Liberté d'expression vs. discours de haine : Un débat sur les limites de la parole

Chloé : Tu penses vraiment qu'on devrait tout laisser passer au nom de la liberté d'expression ? Même les discours de haine ?

Chloé: Do you really think we should allow everything in the name of free speech? Even hate speech?

Lucas : La liberté d'expression est un droit fondamental. Si on commence à limiter ce qu'on peut dire, où est-ce qu'on s'arrête ? Chacun a le droit d'exprimer ses idées, même si elles dérangent.

Lucas: Freedom of speech is a fundamental right. If we start limiting what we can say, where do we stop? Everyone has the right to express their ideas, even if they are disturbing.

Chloé : Je suis d'accord, mais il y a des limites. La liberté d'expression ne devrait pas être une excuse pour propager la haine, la violence ou la discrimination. Certains discours peuvent avoir des conséquences graves, surtout dans un contexte où les tensions sociales sont déjà fortes.

Chloé: I agree, but there are limits. Free speech shouldn't be an excuse to spread hate, violence, or discrimination. Some speech can have serious consequences, especially in a context where social tensions are already high.

Lucas : Je comprends, mais qui décide de ce qui constitue un discours de haine ? C'est là le problème. Si on donne à l'État ou à une institution le pouvoir de censurer ce qu'ils considèrent comme de la haine, on ouvre la porte à des abus. Aujourd'hui, ce sera contre la haine, mais demain, ce sera peut-être pour d'autres raisons.

Lucas: I understand, but who decides what counts as hate speech? That's the problem. If we give the state or an institution the power to censor what they consider hate, we open the door to abuse. Today it's against hate, but tomorrow it could be for other reasons.

Chloé : Mais il y a déjà des lois pour ça. Les discours qui incitent à la violence ou à la discrimination sont interdits dans la plupart des pays. Ce n'est pas de la censure, c'est une question de protéger les droits des autres. Quand tu incites à la haine contre une communauté, tu ne fais pas que t'exprimer, tu mets des vies en danger.

Chloé: But there are already laws for that. Speech that incites violence or discrimination is banned in most countries. It's not censorship, it's about protecting the rights of others. When you incite hate against a community, you're not just expressing yourself, you're putting lives in danger.

Lucas : Oui, mais où tracer la ligne ? Il y a des idées qui dérangent, qui ne plaisent pas à tout le monde, mais qui doivent être discutées. Par exemple, si quelqu'un critique une religion ou un mode de vie, est-ce que c'est de la haine ou un point de vue ? Interdire ce genre de débats, c'est étouffer la liberté d'expression.

Lucas: Yes, but where do we draw the line? Some ideas are unsettling, not liked by everyone, but they need to be discussed. For example, if someone criticises a religion or a way of life, is that hate or an opinion? Banning such debates stifles free speech.

Chloé : Critiquer, c'est une chose, mais appeler à la violence ou à la marginalisation d'un groupe, c'en est une autre. Ce n'est pas une simple question d'opinion, c'est une attaque contre les droits fondamentaux d'autres personnes. Et avec l'essor des réseaux sociaux, ces discours peuvent se propager très vite et causer des dégâts irréversibles.

Chloé: Criticism is one thing, but calling for violence or the marginalisation of a group is another. It's not just a matter of opinion, it's an attack on the fundamental rights of others. And with the rise of social media, such speech can spread quickly and cause irreversible harm.

Lucas : Je suis d'accord que les réseaux sociaux amplifient le problème, mais encore une fois, la solution n'est pas de limiter la liberté d'expression. Il faut éduquer les gens, les inciter à réfléchir par eux-mêmes, à combattre la haine par des idées, pas par la censure.

Lucas: I agree that social media amplifies the problem, but once again, the solution isn't to limit free speech. We need to educate people, encourage them to think for themselves, to combat hate with ideas, not censorship.

Chloé : L'éducation est essentielle, je suis d'accord. Mais ça prend du temps, et en attendant, des gens souffrent à cause de ces discours. Regarde les attaques contre des communautés marginalisées, les mouvements extrémistes... Tout ça est nourri par des paroles toxiques. On ne peut pas simplement attendre que l'éducation règle tout.

Chloé: Education is essential, I agree. But it takes time, and meanwhile, people are suffering because of this speech. Look at the attacks on marginalised communities, extremist movements… All of this is fuelled by toxic words. We can't just wait for education to solve everything.

Lucas : Mais en censurant ces discours, on ne fait que les pousser dans l'ombre. Les idées extrémistes ne disparaissent pas parce qu'on les interdit, elles se radicalisent encore plus. Il vaut mieux laisser ces idées être discutées au grand jour, pour qu'on puisse les confronter avec des arguments.

Lucas: But by censoring this speech, we're just pushing it underground. Extremist ideas don't disappear because we ban them, they become more radical. It's better to let these ideas be discussed in the open, so we can challenge them with arguments.

Chloé : Oui, mais il y a des moments où ça va trop loin. Les mots peuvent blesser, voire tuer, indirectement. On a vu comment des discours de haine ont mené à des massacres dans l'histoire, à des génocides même. On ne peut pas prendre ce risque, surtout avec la montée des discours racistes, sexistes et homophobes.

Chloé: Yes, but there are times when it goes too far. Words can hurt, even kill, indirectly. We've seen how hate speech has led to massacres in history, even genocides. We can't take that risk, especially with the rise of racist, sexist, and homophobic speech.

Lucas : Tu as raison, les mots ont un pouvoir énorme. Mais c'est justement pour ça qu'il faut protéger la liberté d'expression. Si on commence à censurer certains discours parce qu'ils sont jugés "dangereux", on finit par limiter toute forme de contestation ou de critique. C'est un glissement dangereux.

Lucas: You're right, words have enormous power. But that's exactly why we need to protect free speech. If we start censoring certain speech because it's deemed "dangerous", we end up limiting all forms of dissent or criticism. It's a dangerous slippery slope.

Chloé : Peut-être, mais je préfère un monde où on limite certains discours pour protéger les plus vulnérables qu'un monde où tout est permis, même les appels à la violence. La liberté d'expression ne doit pas être utilisée comme une arme pour opprimer les autres.

Chloé: Maybe, but I'd rather live in a world where some speech is limited to protect the most vulnerable than in one where anything is allowed, even calls for violence. Freedom of speech shouldn't be used as a weapon to oppress others.

Lucas : La vraie question, c'est qui décide de ce qui est un discours de haine ? Ce n'est pas toujours aussi clair. Si on laisse le pouvoir aux autorités de décider, cela peut devenir une forme de contrôle de la pensée. Aujourd'hui, ce sont les discours de haine, mais demain, on pourrait interdire des idées politiques ou des mouvements sociaux sous prétexte qu'ils dérangent.

Lucas: The real question is, who decides what hate speech is? It's not always that clear. If we leave it to the authorities to decide, it can become a form of thought control. Today it's hate speech, but tomorrow they could ban political ideas or social movements just because they're uncomfortable.

Chloé : C'est un risque, mais je pense qu'on peut trouver un équilibre. Les discours qui incitent à la haine ou à la violence doivent être encadrés. Ce n'est pas une question de contrôler la pensée, mais de protéger les droits fondamentaux de chacun. Il y a des limites à ce qu'on peut dire quand cela met en danger la vie d'autres personnes.

Chloé: It's a risk, but I think we can find a balance. Speech that incites hate or violence needs to be regulated. It's not about thought control, but about protecting everyone's fundamental rights. There are limits to what we can say when it puts other people's lives in danger.

Lucas : Oui, mais ce débat ne sera jamais simple. D'un côté, il y a la protection des individus contre les discours toxiques, de l'autre, la protection de la liberté de parole contre une possible dérive autoritaire. Il faut un juste milieu, mais ce n'est pas facile à trouver.

Lucas: Yes, but this debate will never be simple. On one side, there's protecting individuals from toxic speech, and on the other, protecting free speech from possible authoritarian drift. We need a middle ground, but it's not easy to find.

Chloé : C'est vrai. Je crois que la clé est dans l'éducation et la régulation. Apprendre aux gens à débattre, à respecter les autres tout en régulant les discours qui vont trop loin. Mais il ne faut jamais perdre de vue que certaines paroles peuvent avoir des conséquences très concrètes et très graves.

Chloé: That's true. I believe the key lies in education and regulation. Teaching people to debate, to respect others, while regulating speech that goes too far. But we must never lose sight of the fact that some words can have very real and very serious consequences.

Lucas : Absolument, l'éducation doit être au cœur de cette lutte. Mais en attendant, il faudra rester vigilants pour que la liberté d'expression ne devienne pas une victime collatérale dans ce combat contre la haine.

Lucas: Absolutely, education must be at the heart of this fight. But in the meantime, we'll have to stay vigilant to ensure that free speech doesn't become a collateral victim in this fight against hate.

Chloé : Oui, on doit veiller à préserver cet équilibre, pour que chacun puisse s'exprimer librement tout en respectant la dignité des autres.

Chloé: Yes, we need to maintain this balance, so everyone can express themselves freely while respecting the dignity of others.

La censure sur les réseaux sociaux : Un débat sur la liberté d'expression et la responsabilité des plateformes

Camille : Tu crois vraiment que la censure sur les réseaux sociaux est justifiée ? C'est de plus en plus fréquent, et ça me dérange. On ne peut plus rien dire sans risquer de voir un post supprimé ou son compte bloqué.

Camille: Do you really think censorship on social media is justified? It's happening more and more, and it bothers me. You can't say anything anymore without risking a post being deleted or your account being blocked.

Paul : Je pense que dans certains cas, la censure est nécessaire. Les réseaux sociaux sont devenus des plateformes géantes où circulent des informations, et pas toujours pour le meilleur. Entre la désinformation, les discours de haine et les théories complotistes, il faut bien un contrôle.

Paul: I think in some cases, censorship is necessary. Social media platforms have become huge spaces where information circulates, and not always for the better. Between misinformation, hate speech, and conspiracy theories, there needs to be some control.

Camille : Oui, mais qui décide de ce qui doit être censuré ? C'est là le problème. Ce sont des entreprises privées qui gèrent ces plateformes, et elles imposent leurs propres règles sans réelle transparence. Aujourd'hui, on censure des discours "dangereux", mais demain, qu'est-ce qui nous garantit qu'elles ne vont pas censurer des idées légitimes sous prétexte qu'elles ne plaisent pas à certains groupes ?

Camille: Yes, but who decides what should be censored? That's the problem. These platforms are run by private companies, and they impose their own rules without real transparency. Today, they censor "dangerous" speech, but tomorrow, what guarantees us that they won’t censor legitimate ideas just because they don’t appeal to certain groups?

Paul : C’est vrai que ça pose la question de la transparence et du contrôle, mais il ne faut pas oublier que les réseaux sociaux ont un impact énorme sur la société. Quand un post viral diffuse de fausses informations sur la santé ou la politique, ça peut avoir des conséquences très graves. Il est normal que les plateformes aient une certaine responsabilité dans ce qu’elles laissent circuler.

Paul: It's true that it raises the issue of transparency and control, but we mustn't forget that social media has a huge impact on society. When a viral post spreads false information about health or politics, it can have serious consequences. It’s normal for platforms to have some responsibility for what they allow to circulate.

Camille : Je suis d’accord qu’il faut lutter contre la désinformation, mais censurer n’est pas la solution. Ce qu’on appelle "fausses informations" peut parfois être une opinion différente ou une interprétation alternative des faits. Si on commence à censurer tout ce qui ne correspond pas à la version officielle, où est passée la liberté d'expression ?

Camille: I agree we need to fight disinformation, but censorship isn’t the solution. What we call "false information" can sometimes be a different opinion or an alternative interpretation of facts. If we start censoring everything that doesn’t match the official version, where’s free speech?

Paul : Il y a une différence entre avoir une opinion et propager des mensonges. Par exemple, pendant la pandémie, on a vu circuler des tonnes de fausses informations sur les vaccins, et ça a clairement mis des vies en danger. Dans ces cas-là, la censure est une question de santé publique.

Paul: There’s a difference between having an opinion and spreading lies. For example, during the pandemic, we saw tons of false information about vaccines, and that clearly put lives in danger. In such cases, censorship is a matter of public health.

Camille : D'accord, mais on pourrait aussi répondre à ces informations par plus de débats et d'éducation, plutôt que par la censure. En bloquant certains discours, on ne fait que les pousser dans des espaces encore plus radicaux. Les gens se méfient encore plus des autorités et des médias traditionnels quand ils voient que leurs idées sont systématiquement supprimées.

Camille: Okay, but we could also counter this information with more debate and education, rather than censorship. By blocking certain speech, we're just pushing it into even more radical spaces. People grow even more suspicious of authorities and traditional media when they see their ideas systematically deleted.

Paul : C'est vrai, la censure peut parfois avoir l'effet inverse. Mais que proposes-tu alors ? Si on laisse tout passer, on laisse aussi la porte ouverte à des discours dangereux, comme ceux qui incitent à la violence ou qui manipulent l'opinion publique avec des mensonges délibérés.

Paul: That's true, censorship can sometimes have the opposite effect. But what do you propose then? If we let everything pass, we also open the door to dangerous speech, like those inciting violence or deliberately manipulating public opinion with lies.

Camille : Je pense qu'il faut privilégier la régulation plutôt que la censure. Au lieu de supprimer les contenus, on pourrait les contextualiser, ajouter des avertissements, encourager les utilisateurs à vérifier les sources. Il faut responsabiliser les utilisateurs, pas leur imposer une vision unique des faits.

Camille: I think we should prioritise regulation over censorship. Instead of deleting content, we could provide context, add warnings, encourage users to check sources. We need to empower users, not impose a single view of the facts on them.

Paul : Ça pourrait marcher pour certains types de contenus, mais pour d'autres, je pense qu'il faut être plus strict. Les discours de haine, par exemple, ou les appels à la violence, ça doit être supprimé sans hésitation. On a déjà vu comment les réseaux sociaux peuvent être utilisés pour organiser des actions violentes ou pour harceler des personnes. Dans ces cas-là, la censure est nécessaire.

Paul: That might work for some types of content, but for others, I think we need to be stricter. Hate speech, for example, or calls to violence should be removed without hesitation. We've already seen how social media can be used to organise violent actions or to harass people. In those cases, censorship is necessary.

Camille : Oui, bien sûr, les discours de haine ou les appels à la violence doivent être contrôlés. Mais même là, il y a des risques. Qui décide de ce qui constitue un discours de haine ? Parfois, des opinions légitimes sur des sujets sensibles sont classées comme "haineuses" simplement parce qu'elles dérangent.

Camille: Yes, of course, hate speech or calls to violence need to be controlled. But even there, there are risks. Who decides what counts as hate speech? Sometimes legitimate opinions on sensitive issues are classified as "hateful" simply because they are uncomfortable.

Paul : C'est vrai, la ligne est parfois fine, et les plateformes doivent être plus transparentes sur leurs critères de modération. Mais tu ne peux pas nier que sans un minimum de contrôle, les réseaux sociaux peuvent devenir des espaces toxiques où les pires comportements sont encouragés.

Paul: That's true, the line is sometimes fine, and platforms need to be more transparent about their moderation criteria. But you can't deny that without a minimum of control, social media can become toxic spaces where the worst behaviours are encouraged.

Camille : Je suis d'accord qu'un minimum de modération est nécessaire. Mais il faut que cette modération soit juste et équilibrée, et surtout, qu'elle n'étouffe pas le débat public. Trop souvent, les algorithmes censurent des contenus en masse sans distinction, et cela nuit à la diversité des idées.

Camille: I agree that some moderation is necessary. But that moderation needs to be fair and balanced, and most importantly, it shouldn't stifle public debate. Too often, algorithms censor content in bulk without distinction, and that harms the diversity of ideas.

Paul : C'est vrai que les algorithmes peuvent poser problème. Ce sont des outils automatiques qui ne comprennent pas toujours le contexte. Mais on ne peut pas non plus laisser les plateformes totalement ouvertes à tous les contenus. C'est une question de sécurité et de protection des utilisateurs.

Paul: It's true that algorithms can be problematic. They're automatic tools that don't always understand context. But we also can't leave platforms completely open to all content. It's a matter of safety and user protection.

Camille : Oui, mais la solution ne peut pas être de tout censurer. Les réseaux sociaux sont aussi des espaces de liberté et de discussion. Si on impose trop de restrictions, on perd ce qui fait leur intérêt. Ce sont des lieux où des idées peuvent circuler librement, où des voix marginalisées peuvent s'exprimer. Trop de censure, et on risque de bâillonner ces voix.

Camille: Yes, but the solution can't be to censor everything. Social media is also a space for freedom and discussion. If we impose too many restrictions, we lose what makes them interesting. They are places where ideas can circulate freely, where marginalised voices can speak out. Too much censorship, and we risk silencing those voices.

Paul : Je comprends, mais il faut un équilibre. Les réseaux sociaux ne peuvent pas être des zones de non-droit. Il faut protéger les utilisateurs, surtout les plus vulnérables, des abus et des discours toxiques. Mais je suis d'accord que la modération doit être plus transparente et proportionnée.

Paul: I understand, but there has to be a balance. Social media can't be lawless zones. We need to protect users, especially the most vulnerable, from abuse and toxic speech. But I agree that moderation needs to be more transparent and proportionate.

Camille : C'est ça, la clé, c'est la transparence. Si les plateformes expliquaient clairement leurs règles et leur processus de censure, les utilisateurs pourraient mieux comprendre pourquoi certains contenus sont supprimés. Il faudrait aussi donner la possibilité de contester ces décisions de manière équitable.

Camille: That's it, the key is transparency. If platforms clearly explained their rules and censorship process, users could better understand why certain content is removed. There should also be a way to contest these decisions fairly.

Paul : Oui, je pense qu'on peut s'entendre là-dessus. La censure ne doit pas être utilisée de manière excessive ou arbitraire. Mais il faut quand même reconnaître que les réseaux sociaux ont un impact énorme sur nos sociétés, et qu'un minimum de régulation est nécessaire pour éviter les dérives.

Paul: Yes, I think we can agree on that. Censorship shouldn't be used excessively or arbitrarily. But we still have to recognise that social media has a huge impact on our societies, and a minimum level of regulation is necessary to avoid issues.

Camille : Tout à fait. Mais la priorité doit toujours être de protéger la liberté d'expression, même si cela signifie parfois tolérer des idées controversées. C'est dans la confrontation des idées que la société avance, pas dans la suppression de celles qui dérangent.

Camille: Exactly. But the priority must always be to protect free speech, even if it sometimes means tolerating controversial ideas.

Society advances by confronting ideas, not by suppressing the ones that are uncomfortable.

Paul : C'est vrai, et c'est pour ça qu'il faut trouver un juste milieu. La censure ne doit jamais devenir un outil de contrôle de la pensée, mais il est aussi essentiel de protéger les utilisateurs des contenus qui nuisent à la société.

Paul: That's true, and that's why we need to find a middle ground. Censorship should never become a tool for thought control, but it's also essential to protect users from content that harms society.

Génie génétique et clonage : Un débat sur l'éthique et l'innovation scientifique

Élodie : Tu penses vraiment que le génie génétique et le clonage devraient être autorisés sans restrictions ? Ça me fait un peu peur, toute cette manipulation de la vie.

Élodie: Do you really think genetic engineering and cloning should be allowed without restrictions? It scares me a bit, all this manipulation of life.

Pierre : Oui, je pense qu'on ne devrait pas avoir peur de la science. Le génie génétique et le clonage offrent des opportunités incroyables pour l'humanité. Imagine les progrès médicaux qu'on pourrait accomplir : guérir des maladies génétiques, créer des organes pour les greffes, prolonger la vie. C'est une révolution !

Pierre: Yes, I think we shouldn't fear science. Genetic engineering and cloning offer incredible opportunities for humanity. Imagine the medical progress we could achieve: curing genetic diseases, creating organs for transplants, prolonging life. It's a revolution!

Élodie : Je comprends que ça puisse paraître prometteur, mais il y a aussi des dangers éthiques énormes. Si on commence à manipuler l'ADN humain, qui décide de ce qui est acceptable ? Où s'arrête-t-on ? On risque de jouer à Dieu, et ça peut mal tourner.

Élodie: I understand that it seems promising, but there are also huge ethical dangers. If we start manipulating human DNA, who decides what's acceptable? Where do we stop? We risk playing God, and that could go wrong.

Pierre : C'est vrai que la question éthique est complexe, mais il faut bien avancer. Si on peut éviter des souffrances en supprimant des maladies génétiques ou en clonant des organes, est-ce que ce n'est pas notre devoir de le faire ? Refuser de progresser par peur des conséquences, c'est laisser des gens souffrir inutilement.

Pierre: It's true that the ethical question is complex, but we need to move forward. If we can prevent suffering by eliminating genetic diseases or cloning organs, isn't it our duty to do so? Refusing to progress out of fear of consequences means letting people suffer unnecessarily.

Élodie : Oui, mais ça ouvre aussi la porte à des dérives. Que se passera-t-il si on commence à cloner des humains, par exemple ? On ne peut pas réduire la vie à quelque chose de contrôlable en laboratoire. Et si on permet le clonage, on court le risque de créer des êtres humains qui ne sont considérés que comme des produits.

Élodie: Yes, but it also opens the door to abuses. What happens if we start cloning humans, for example? We can't reduce life to something controllable in a lab. And if we allow cloning, we risk creating human beings who are seen as nothing more than products.

Pierre : Le clonage humain est un sujet sensible, je te l'accorde. Mais je pense qu'il faut dissocier le clonage thérapeutique du clonage reproductif. Si on peut cloner des cellules ou des organes sans créer d'êtres humains complets, cela pourrait sauver des millions de vies sans poser de problèmes éthiques aussi graves.

Pierre: Human cloning is a sensitive topic, I agree. But I think we need to separate therapeutic cloning from reproductive cloning. If we can clone cells or organs without creating whole human beings, it could save millions of lives without raising such serious ethical issues.

Élodie : Mais même le clonage thérapeutique soulève des questions. D'où viennent ces cellules à cloner ? Et si on commence à considérer les embryons humains comme des ressources, est-ce qu'on ne franchit pas une limite dangereuse ? On parle de la vie humaine, pas d'un simple matériau de laboratoire.

Élodie: But even therapeutic cloning raises questions. Where do these cells to be cloned come from? And if we start treating human embryos as resources, aren't we crossing a dangerous line? We're talking about human life, not just lab material.

Pierre : Je comprends tes inquiétudes, mais il existe des moyens de contourner ces problèmes. Avec la technologie des cellules souches, par exemple, on n'a pas forcément besoin d'utiliser des embryons. On peut reprogrammer des cellules adultes pour en faire des cellules souches. C'est un domaine de recherche très prometteur.

Pierre: I understand your concerns, but there are ways to address these problems. With stem cell technology, for example, we don't necessarily need to use embryos. We can reprogram adult cells into stem cells. It's a very promising area of research.

Élodie : Oui, mais même avec les cellules souches, la question reste : jusqu'où doit-on aller ? À partir du moment où on commence à manipuler le vivant, les frontières deviennent floues. Aujourd'hui, c'est pour guérir des maladies, mais demain, ce sera peut-être pour améliorer les humains, les rendre plus forts, plus intelligents... On entre dans une logique de "bébés sur mesure", et ça me paraît très dangereux.

Élodie: Yes, but even with stem cells, the question remains: how far should we go? Once we start manipulating life, the boundaries become blurred. Today, it's to cure diseases, but tomorrow, it might be to enhance humans, make them stronger, smarter... We're entering a "designer babies" logic, and that seems very dangerous to me.

Pierre : Tu soulèves un point intéressant. L'eugénisme est effectivement une dérive potentielle, mais je pense que la science doit être encadrée par des lois strictes. Il ne s'agit pas de créer des super-humains, mais de rendre la vie meilleure. Si on peut corriger des défauts génétiques graves avant la naissance, pourquoi ne pas le faire ?

Pierre: You raise an interesting point. Eugenics is indeed a potential issue, but I think science needs to be governed by strict laws. It's not about creating superhumans, but about improving life. If we can correct serious genetic defects before birth, why not do it?

Élodie : Parce que ça crée une société inégalitaire où seuls les riches pourront s'offrir ces "améliorations". On pourrait se retrouver dans un monde où il y a les "améliorés" et les autres. Ça pourrait accentuer les divisions sociales et créer une nouvelle forme de discrimination.

Élodie: Because it creates an unequal society where only the rich can afford these "enhancements." We could end up in a world where there are the "enhanced" and everyone else. It could worsen social divisions and create a new form of discrimination.

Pierre : C'est possible, mais on peut éviter cela avec une bonne régulation. Le but du génie génétique n'est pas de créer une élite, mais de rendre la santé accessible à tous. Avec des réglementations internationales, on peut s'assurer que les bénéfices de ces technologies soient partagés équitablement.

Pierre: That's possible, but we can avoid that with proper regulation. The goal of genetic engineering isn't to create an elite, but to make health accessible to everyone. With international regulations, we can ensure the benefits of these technologies are shared fairly.

Élodie : Oui, mais tu sais aussi bien que moi que les lois ne sont pas toujours respectées, surtout quand il y a des intérêts financiers en jeu. Les grandes entreprises de biotechnologie risquent de monopoliser ces avancées et de les vendre au plus offrant. On ne peut pas juste compter sur la régulation pour éviter ces dérives.

Élodie: Yes, but you know as well as I do that laws aren't always respected, especially when financial interests are involved. Big biotech companies risk monopolising these advances and selling them to the highest bidder. We can't just rely on regulation to avoid these abuses.

Pierre : Je suis d'accord qu'il y a un risque de dérive économique, mais c'est pour ça qu'il faut des institutions solides et un contrôle citoyen. Si on laisse la peur des abus nous paralyser, on passe à côté de découvertes qui pourraient révolutionner la médecine. Le génie génétique pourrait guérir des maladies comme la mucoviscidose, la drépanocytose, et même certains cancers.

Pierre: I agree there's a risk of economic abuse, but that's why we need strong institutions and citizen oversight. If we let fear of abuse paralyse us, we'll miss out on discoveries that could revolutionise medicine. Genetic engineering could cure diseases like cystic fibrosis, sickle cell anaemia, and even some cancers.

Élodie : Je ne suis pas contre la science ni contre les progrès médicaux, mais je pense qu'il faut être extrêmement prudent. Le clonage, par exemple, n'est pas seulement une question scientifique, c'est aussi une question philosophique et morale. Quelle est la valeur de la vie humaine si on peut la "fabriquer" ?

Élodie: I'm not against science or medical progress, but I think we need to be extremely cautious. Cloning, for example, isn't just a scientific issue, it's also a philosophical and moral one. What's the value of human life if we can "manufacture" it?

Pierre : La valeur de la vie humaine ne change pas parce qu'on peut la prolonger ou la guérir. Ce n'est pas parce qu'on manipule la génétique qu'on perd notre humanité. Au contraire, on utilise la science pour améliorer la condition humaine. Si on peut prévenir des souffrances, on doit le faire, dans le respect de certaines limites éthiques, bien sûr.

Pierre: The value of human life doesn't change just because we can extend or cure it. Just because we manipulate genetics doesn't mean we lose our humanity. On the contrary, we use science to improve the human condition. If we can prevent suffering, we must do it, within certain ethical limits, of course.

Élodie : Mais qui fixe ces limites ? Aujourd'hui, c'est pour guérir, mais demain, ce sera peut-être pour choisir la couleur des yeux ou pour améliorer les performances intellectuelles. On pourrait perdre de vue l'essence même de ce qu'est être humain, avec nos imperfections, nos faiblesses.

Élodie: But who sets those limits? Today, it's for curing, but tomorrow, it might be to choose eye colour or enhance intellectual performance. We could lose sight of what it means to be human, with our imperfections, our weaknesses.

Pierre : C'est vrai que ce sont des questions importantes, mais je crois qu'il ne faut pas voir les progrès scientifiques comme une menace. On a toujours su trouver un équilibre entre l'éthique et l'innovation. Il faut juste que ce débat reste ouvert et transparent, pour que la science ne dépasse pas les limites acceptables.

Pierre: That's true, these are important questions, but I believe we shouldn't see scientific progress as a threat. We've always managed to find a balance between ethics and innovation. The key is keeping the debate open and transparent, so science doesn't cross unacceptable boundaries.

Élodie : Oui, je suis d'accord pour dire que le débat doit être permanent. Mais il faut aussi qu'on reste vigilants face aux dérives potentielles, qu'elles soient économiques, sociales ou éthiques. Le génie génétique et le clonage sont des outils puissants, mais avec un grand pouvoir vient une grande responsabilité.

Élodie: Yes, I agree that the debate must be ongoing. But we also need to stay vigilant against potential abuses, whether they are economic, social, or ethical. Genetic engineering and cloning are powerful tools, but with great power comes great responsibility.

Pierre : Exactement, et c'est pour ça que la recherche doit être encadrée par des règles strictes, mais sans freiner l'innovation. Ce serait dommage de renoncer à des avancées majeures par peur des dérives, alors qu'on peut trouver des solutions pour éviter les abus.

Pierre: Exactly, and that's why research must be governed by strict rules, but without stifling innovation. It would be a shame to give up major advances out of fear of abuse when we can find solutions to prevent it.

Élodie : Oui, mais il faut être sûrs que ces solutions existent vraiment et qu'elles fonctionnent. Parce qu'une fois qu'on aura franchi certaines limites, il n'y aura plus de retour en arrière possible.

Élodie: Yes, but we need to be sure those solutions really exist and work. Because once we cross certain lines, there may be no going back.

Capitalisme vs. communisme : Un débat sur les idéologies et leurs dérives historiques

Alice : Tu penses vraiment que le communisme est une alternative viable au capitalisme, malgré tout ce qu'on sait sur les régimes de Staline, Mao ou Pol Pot ?

Alice: Do you really think communism is a viable alternative to capitalism, despite everything we know about the regimes of Stalin, Mao, or Pol Pot?

Marc : Le problème, c'est que les régimes de Staline, Mao et Pol Pot ne sont pas de vrais exemples du communisme tel qu'il était pensé par Marx. Ce sont des dérives autoritaires. Le communisme, dans son essence, cherche à abolir les inégalités, à mettre fin à l'exploitation des travailleurs et à garantir une répartition équitable des ressources.

Marc: The problem is that the regimes of Stalin, Mao, and Pol Pot are not true examples of communism as Marx envisioned it. They are authoritarian deviations. Communism, in its essence, seeks to abolish inequality, end the exploitation of workers, and ensure a fair distribution of resources.

Alice : C'est ce qu'on dit toujours, que "c'était mal appliqué". Mais au final, chaque fois qu'on a tenté de mettre en place un régime communiste, ça a viré à la dictature. La centralisation du pouvoir et l'absence de propriété privée créent un terrain propice aux abus. C'est ce qu'on a vu en URSS, en Chine et au Cambodge sous Pol Pot.

Alice: That's what is always said, that "it was poorly implemented." But in the end, every time a communist regime has been tried, it has turned into a dictatorship. Centralised power and the absence of private property create fertile ground for abuse. That's what we saw in the USSR, China, and Cambodia under Pol Pot.

Marc : C'est vrai que les régimes communistes ont souvent conduit à des dictatures, mais le capitalisme n'est pas non plus exempt de reproches. Il crée des inégalités monstrueuses, où une poignée de personnes accumule la richesse pendant que des millions d'autres luttent pour survivre. Le capitalisme sauvage exploite les travailleurs et détruit la planète. On le voit avec les crises écologiques et les conditions de travail dans certains pays.

Marc: It's true that communist regimes often led to dictatorships, but capitalism isn't blameless either. It creates massive inequalities, where a handful of people accumulate wealth while millions struggle to survive. Savage capitalism exploits workers and destroys the planet. We see it in the ecological crises and working conditions in certain countries.

Alice : Je ne nie pas que le capitalisme a des défauts, mais il a aussi permis des avancées incroyables. Les innovations technologiques, la hausse du niveau de vie, la réduction de la pauvreté dans de nombreuses régions du monde... Tout ça, c'est grâce à l'économie de marché. Le communisme, de son côté, a mené à des famines, des purges et des millions de morts.

Alice: I don't deny that capitalism has flaws, but it has also enabled incredible progress. Technological innovations, the rise in living standards, the reduction of poverty in many parts of the world... All of this is thanks to the market economy. Communism, on the other hand, has led to famines, purges, and millions of deaths.

Marc : Les famines et les purges, c'est lié aux régimes autoritaires, pas au communisme en tant qu'idéologie. Ce qu'il faut, c'est un modèle qui combine la justice sociale et l'efficacité économique. On pourrait s'inspirer des idées communistes sans tomber dans l'autoritarisme. Des pays comme la Suède ou le Danemark, qui ont un modèle social-démocrate, montrent qu'on peut avoir une société plus égalitaire sans pour autant tout nationaliser.

Marc: The famines and purges are linked to authoritarian regimes, not communism as an ideology. What we need is a model that combines social justice with economic efficiency. We could draw inspiration from communist ideas without falling into authoritarianism. Countries like Sweden or Denmark, with their social-democratic models, show that we can have a more equal society without nationalising everything.

Alice : Mais ces pays sont encore des économies de marché. Ils n'ont rien à voir avec le communisme. Ils ont simplement trouvé un équilibre entre la liberté économique et la régulation étatique. Le communisme, lui, cherche à abolir le marché et à tout collectiviser. C'est là que réside le danger.

Alice: But these countries are still market economies. They have nothing to do with communism. They have simply found a balance between economic freedom and state regulation. Communism, on the other hand, seeks to abolish the market and collectivise everything. That's where the danger lies.

Marc : Je ne suis pas pour l'abolition complète du marché, mais je pense qu'il faut des limites au capitalisme. L'idée communiste d'une société sans classes reste un idéal à atteindre. Il est évident qu'un capitalisme non régulé conduit à des excès, à l'accaparement des ressources par une minorité et à la dégradation de l'environnement.

Marc: I'm not in favour of completely abolishing the market, but I think there need to be limits on capitalism. The communist idea of a classless society remains an ideal to strive for. It's clear that unregulated capitalism leads to excesses, with resources hoarded by a minority and environmental degradation.

Alice : Mais le communisme n'a jamais vraiment réussi à atteindre cet idéal de société sans classes. Au contraire, il a souvent abouti à la création d'une nouvelle classe dirigeante encore plus puissante : les bureaucrates d'État, qui concentrent tout le pouvoir et ne rendent de comptes à personne. C'est la pire forme d'oligarchie.

Alice: But communism has never really succeeded in achieving this ideal of a classless society. On the contrary, it has often led to the creation of a new, even more powerful ruling class: state bureaucrats, who concentrate all the power and are accountable to no one. It's the worst form of oligarchy.

Marc : C'est là où je pense qu'on peut tirer des leçons des échecs passés. Il ne s'agit pas de reproduire les erreurs de Staline ou de Mao, mais de créer un modèle où les travailleurs ont plus de contrôle sur les moyens de production, où l'économie est orientée vers le bien commun et non vers le profit individuel. Le capitalisme, lui, ne se préoccupe que du profit, peu importe les conséquences.

Marc: That's where I think we can learn from past failures. It's not about repeating the mistakes of Stalin or Mao, but about creating a model where workers have more control over the means of production, where the economy is geared towards the common good and not individual profit. Capitalism only cares about profit, no matter the consequences.

Alice : Tu penses vraiment qu'une économie centrée sur le bien commun est possible sans tomber dans l'autoritarisme ? Chaque tentative de mettre en place une économie planifiée à grande échelle a échoué. Les systèmes communistes sont inefficaces, ils manquent d'incitations pour innover et produire. C'est pour ça qu'ils se sont écroulés.

Alice: Do you really think an economy focused on the common good is possible without falling into authoritarianism? Every attempt to implement a large-scale planned economy has failed. Communist systems are inefficient, they lack incentives to innovate and produce. That's why they collapsed.

Marc : Je pense qu'on peut trouver un juste milieu. Le problème des systèmes communistes du passé, c'est qu'ils ont voulu tout contrôler à 100 %. Mais il est possible de garder une part de marché tout en ayant des secteurs clés sous contrôle public, comme la santé, l'éducation ou l'énergie. L'innovation et la créativité peuvent encore exister dans un système qui met l'humain avant le profit.

Marc: I think we can find a middle ground. The problem with past communist systems is that they tried to control everything 100%. But it's possible to keep a part of the market while having key sectors under public control, like health, education, or energy. Innovation and creativity can still exist in a system that puts people before profit.

Alice : Ça paraît beau en théorie, mais dans la réalité, ça devient vite compliqué. Même avec des régulations, on voit souvent des inefficacités dans les services publics. Et puis, les individus doivent être libres de choisir ce qu'ils veulent faire, de créer, d'entreprendre. Le communisme, en éliminant la propriété privée, supprime cette liberté fondamentale.

Alice: That sounds great in theory, but in reality, it quickly becomes complicated. Even with regulations, we often see inefficiencies in public services. And individuals need to be free to choose what they want to do, to create, to be entrepreneurial. Communism, by eliminating private property, removes this fundamental freedom.

Marc : Je pense que la liberté individuelle est importante, mais la liberté doit aussi être encadrée par la justice sociale. La liberté sans limites, c'est le capitalisme sauvage où les riches deviennent de plus en plus riches et les pauvres de plus en plus pauvres. Il faut un équilibre entre liberté et égalité.

Marc: I think individual freedom is important, but freedom also needs to be framed by social justice. Freedom without limits is savage capitalism, where the rich get richer and the poor get poorer. We need a balance between freedom and equality.

Alice : Cet équilibre est difficile à atteindre, c'est sûr. Mais je préfère un système imparfait comme le capitalisme, où l'individu a la possibilité de s'élever, plutôt qu'un système comme le communisme, où l'État contrôle tout et où les libertés sont souvent sacrifiées au nom de l'égalité.

Alice: That balance is hard to achieve, that's for sure. But I prefer an imperfect system like capitalism, where the individual has the chance to rise, rather than a system like communism, where the state controls everything and freedoms are often sacrificed in the name of equality.

Marc : Je comprends, mais je crois qu'il est possible de réinventer le communisme ou du moins de s'en inspirer pour construire une société plus juste. Le capitalisme, tel qu'il fonctionne aujourd'hui, mène à des crises économiques, à l'exploitation et à la destruction de l'environnement. Si on ne change rien, on court à la catastrophe.

Marc: I understand, but I believe it's possible to reinvent communism, or at least draw inspiration from it, to build a fairer society. Capitalism, as it works today, leads to economic crises, exploitation, and environmental destruction. If we don't change anything, we're headed for disaster.

Alice : Peut-être qu'il faut réformer le capitalisme, mais revenir au communisme serait une erreur. Il faut trouver des solutions modernes, adaptées aux défis actuels, sans retomber dans les utopies du passé qui ont déjà prouvé leurs limites.

Alice: Maybe we need to reform capitalism, but returning to communism would be a mistake. We need to find modern solutions, adapted to today's challenges, without falling back into the utopias of the past that have already proven their limits.

Marc : Oui, on ne peut pas revenir en arrière, mais je crois que les idées communistes sur la justice sociale et la lutte contre l'exploitation sont plus que jamais d'actualité. Il faut juste trouver un moyen de les adapter à notre époque, sans tomber dans les excès autoritaires des régimes du passé.

Marc: Yes, we can't go back, but I believe communist ideas about social justice and fighting exploitation are more relevant than ever. We just need to find a way to adapt them to our time without falling into the authoritarian excesses of past regimes.

Alice : Si c'est ça, je te rejoins. L'objectif est d'éviter les excès des deux systèmes et de créer un modèle qui combine le meilleur des deux mondes : la liberté économique avec la justice sociale.

Alice: If that's the case, I agree with you. The goal is to avoid the excesses of both systems and create a model that combines the best of both worlds: economic freedom with social justice.

Liberté de la presse vs. sécurité nationale : Un débat sur les limites de l'information

Claire : Tu penses vraiment que la liberté de la presse devrait être absolue, même quand il s'agit de questions de sécurité nationale ?

Claire: Do you really think freedom of the press should be absolute, even when it comes to national security issues?

Julien : Oui, je pense que la liberté de la presse est un pilier fondamental de la démocratie. Si on commence à limiter ce que les journalistes peuvent publier au nom de la sécurité nationale, on risque d'ouvrir la porte à la censure et à la manipulation. Les citoyens ont le droit de savoir ce qui se passe, même si c'est sensible.

Julien: Yes, I believe freedom of the press is a fundamental pillar of democracy. If we start limiting what journalists can publish in the name of national security, we risk opening the door to censorship and manipulation. Citizens have the right to know what's going on, even if it's sensitive.

Claire : Je comprends ton point de vue, mais il y a des situations où publier certaines informations peut vraiment mettre des vies en danger ou compromettre des opérations cruciales. Par exemple, si un journal révèle des détails sur une opération militaire en cours, ça peut directement nuire aux soldats sur le terrain.

Claire: I understand your point of view, but there are situations where publishing certain information can genuinely put lives at risk or compromise crucial operations. For example, if a newspaper reveals details about an ongoing military operation, it could directly harm soldiers on the ground.

Julien : C'est vrai, mais je pense que c'est une question de responsabilité des journalistes. Ils doivent peser les conséquences de ce qu'ils publient, mais cela ne veut pas dire que l'État doit leur dire quoi publier ou non. Si on donne trop de pouvoir à l'État pour contrôler l'information, on finit par perdre la transparence, et les abus de pouvoir deviennent plus faciles.

Julien: That's true, but I think it's a matter of journalistic responsibility. They need to weigh the consequences of what they publish, but that doesn't mean the state should dictate what they can or cannot release. If we give too much power to the state to control information, we lose transparency, and it becomes easier to abuse power.

Claire : C'est une question d'équilibre, non ? Je ne dis pas qu'on doit tout censurer, mais dans certaines situations, l'État a besoin de garder certaines informations confidentielles pour protéger la sécurité nationale. Si tout est divulgué, on affaiblit notre capacité à prévenir des menaces, comme le terrorisme ou les cyberattaques.

Claire: It's a question of balance, right? I'm not saying everything should be censored, but in certain situations, the state needs to keep some information confidential to protect national security. If everything is disclosed, we weaken our ability to prevent threats like terrorism or cyberattacks.

Julien : Je suis d'accord qu'il y a des informations sensibles, mais trop souvent, le terme "sécurité nationale" est utilisé comme prétexte pour cacher des erreurs ou des abus du gouvernement. Regarde des affaires comme les révélations d'Edward Snowden. Le gouvernement a caché des pratiques illégales sous couvert de sécurité nationale. Si les journalistes n'avaient pas enquêté, on ne l'aurait jamais su.

Julien: I agree that some information is sensitive, but too often the term "national security" is used as a pretext to hide government mistakes or abuses. Look at cases like Edward Snowden's revelations. The government hid illegal practices under the guise of national security. If journalists hadn't investigated, we would never have known.

Claire : Snowden est un bon exemple, mais il a aussi révélé des informations qui ont pu mettre des agents en danger. On ne peut pas toujours savoir quelles informations vont causer des dommages. C'est pour ça qu'il y a des lois sur le secret d'État. Il faut trouver un juste milieu pour protéger la transparence tout en assurant la sécurité des citoyens.

Claire: Snowden is a good example, but he also revealed information that could have put agents in danger. We can't always know which information will cause harm. That's why we have state secrecy laws. We need to find a middle ground to protect transparency while ensuring the security of citizens.

Julien : Le problème, c'est que ces lois sur le secret d'État sont souvent trop larges et mal définies. Elles permettent aux gouvernements de classer des informations sous "secret" pour éviter les critiques ou les scandales. Les journalistes ont un rôle de contre-pouvoir, et ils doivent pouvoir enquêter sans craindre d'être poursuivis pour avoir fait leur travail.

Julien: The problem is that these state secrecy laws are often too broad and poorly defined. They allow governments to classify information as "secret" to avoid criticism or scandals. Journalists have a role as a counterbalance, and they need to be able to investigate without fearing prosecution for doing their job.

Claire : Mais tu es d'accord qu'il y a des moments où le secret d'État est nécessaire, non ? Imagine qu'un journaliste révèle les détails d'une enquête en cours contre une organisation terroriste. Ça pourrait compromettre toute l'opération et mettre en danger des vies civiles.

Claire: But you agree that there are times when state secrecy is necessary, right? Imagine a journalist reveals details of an ongoing investigation against a terrorist organisation. That could compromise the entire operation and put civilian lives at risk.

Julien : Bien sûr, je ne dis pas que tout doit être révélé sans discernement. Mais dans ces cas-là, il devrait y avoir des discussions entre les journalistes et les autorités, plutôt que des interdictions strictes. Il faut faire confiance aux médias pour agir de manière responsable, plutôt que de leur imposer une censure en amont.

Julien: Of course, I'm not saying everything should be revealed without discretion. But in those cases, there should be discussions between journalists and authorities, rather than strict bans. We need to trust the media to act responsibly, rather than impose pre-emptive censorship.

Claire : Mais cette "confiance" peut parfois être mal placée. Tous les journalistes ne sont pas responsables, certains sont prêts à tout pour un scoop, même si cela met des vies en danger. L'État a parfois le devoir d'intervenir pour empêcher que des informations cruciales ne tombent entre de mauvaises mains.

Claire: But that "trust" can sometimes be misplaced. Not all journalists are responsible, and some are willing to do anything for a scoop, even if it puts lives at risk. The state sometimes has a duty to intervene to prevent crucial information from falling into the wrong hands.

Julien : Je comprends, mais l'histoire nous montre que la censure, même au nom de la sécurité, peut dériver très rapidement vers des abus de pouvoir. Si l'État contrôle trop l'information, on risque de se retrouver dans une situation où seuls les récits qui l'arrangent sont diffusés. Les citoyens ont besoin d'une presse libre pour être informés de ce que fait leur gouvernement.

Julien: I understand, but history shows us that censorship, even in the name of security, can quickly lead to abuse of power. If the state controls too much information, we risk ending up in a situation where only the narratives that suit it are broadcast. Citizens need a free press to know what their government is doing.

Claire : Oui, mais la sécurité nationale n'est pas un prétexte vide. Les menaces sont réelles, et parfois, une fuite d'information peut avoir des conséquences catastrophiques. On doit protéger notre pays contre les menaces extérieures et intérieures, et cela passe parfois par des restrictions temporaires sur certaines informations sensibles.

Claire: Yes, but national security isn't an empty pretext. The threats are real, and sometimes a leak of information can have catastrophic consequences. We need to protect our country against external and internal threats, and that sometimes involves temporary restrictions on sensitive information.

Julien : Mais qui décide de ce qui est "sensible" ? C'est là tout le problème. Si on laisse le gouvernement décider seul, on risque de voir des informations importantes dissimulées sous couvert de sécurité. C'est pourquoi il faut un équilibre entre la protection des informations vitales et la transparence démocratique.

Julien: But who decides what is "sensitive"? That's the problem. If we let the government decide alone, important information could be hidden under the guise of security. That's why we need a balance between protecting vital information and ensuring democratic transparency.

Claire : C'est là où je crois que les lois sur le secret d'État doivent être encadrées par des institutions indépendantes. Ce ne devrait pas être uniquement le gouvernement qui décide de ce qui est censuré. Un contrôle extérieur pourrait garantir que seules les informations véritablement sensibles soient protégées.

Claire: That's where I think state secrecy laws need to be overseen by independent institutions. It shouldn't be up to the government alone to decide what gets censored. External oversight could ensure that only genuinely sensitive information is protected.

Julien : Ça, c'est une bonne idée. Si on mettait en place un système de surveillance indépendante, on pourrait éviter les abus. Mais il faut que ce contrôle soit vraiment indépendant, sans influence politique. Les journalistes doivent aussi avoir un recours pour contester les décisions de censure s'ils estiment que l'intérêt public prime sur la sécurité nationale.

Julien: That's a good idea. If we had an independent oversight system, we could avoid abuses. But that oversight must be truly independent, without political influence. Journalists should also have a way to challenge censorship decisions if they believe the public interest outweighs national security.

Claire : Exactement. Le but n'est pas de censurer à tout va, mais de trouver cet équilibre entre sécurité et transparence. L'État doit protéger les citoyens, mais il doit aussi rendre des comptes. La presse a un rôle fondamental à jouer pour garantir cette transparence, mais elle doit aussi faire preuve de responsabilité.

Claire: Exactly. The goal isn't to censor everything, but to find that balance between security and transparency. The state needs to protect citizens, but it also needs to be accountable. The press plays a fundamental role in ensuring this transparency, but it also needs to act responsibly.

Julien : Oui, la responsabilité est clé, mais la liberté de la presse doit toujours être défendue. Une société où les journalistes sont muselés est une société où la démocratie est en danger. Les citoyens ont besoin d'une presse indépendante pour savoir ce qui se passe vraiment dans leur pays.

Julien: Yes, responsibility is key, but freedom of the press must always be defended. A society where journalists are silenced is a society where democracy is in danger. Citizens need an independent press to know what's really happening in their country.

Claire : Je suis d'accord. La presse libre est indispensable à une démocratie saine, mais elle ne doit pas compromettre la sécurité de tous au nom de cette liberté. Il faut un cadre clair pour protéger à la fois la liberté d'expression et la sécurité nationale, sans que l'un ne prenne le pas sur l'autre.

Claire: I agree. A free press is essential for a healthy democracy, but it shouldn't compromise everyone's safety in the name of that freedom. We need a clear framework to protect both freedom of expression and national security, without one overshadowing the other.

Julien : Absolument. On doit toujours être vigilants pour que la sécurité ne devienne pas une excuse pour réduire nos libertés fondamentales. L'équilibre est difficile à trouver, mais il est essentiel pour protéger à la fois la démocratie et la sécurité des citoyens.

Julien: Absolutely. We must always be vigilant to ensure that security doesn't become an excuse to reduce our fundamental freedoms. Finding that balance is difficult, but it's essential to protect both democracy and the security of citizens.

Suicide assisté : Un débat sur la dignité et les limites de la vie

Laurent : Tu penses vraiment que le suicide assisté devrait être légalisé ? Ça me paraît dangereux de laisser les gens décider de mettre fin à leur vie, même avec l'aide d'un médecin.

Laurent: Do you really think assisted suicide should be legalised? It seems dangerous to let people decide to end their lives, even with a doctor's help.

Sophie : Oui, je pense que le suicide assisté est une question de dignité. Il s'agit de donner aux gens le droit de choisir quand et comment ils veulent partir, surtout lorsqu'ils souffrent d'une maladie incurable et insupportable. Pourquoi forcer quelqu'un à vivre dans la douleur s'il ne le souhaite plus ?

Sophie: Yes, I think assisted suicide is about dignity. It's about giving people the right to choose when and how they want to leave, especially when they're suffering from an incurable and unbearable illness. Why force someone to live in pain if they no longer want to?

Laurent : Mais ça ouvre la porte à des dérives. Si on légalise le suicide assisté, qu'est-ce qui empêchera certaines personnes vulnérables, comme les personnes âgées ou les handicapés, de se sentir obligées de choisir cette voie parce qu'elles pensent qu'elles sont un fardeau pour leurs proches ?

Laurent: But that opens the door to abuse. If we legalise assisted suicide, what will stop vulnerable people, like the elderly or disabled, from feeling pressured to choose that option because they think they're a burden to their loved ones?

Sophie : C'est pour ça que la procédure doit être strictement encadrée. Ce n'est pas quelque chose que l'on peut décider à la légère. Il faut s'assurer que la personne est mentalement lucide, qu'elle a exploré toutes les options médicales et qu'elle fait ce choix en toute conscience. Ce n'est pas une décision prise à cause de la pression des autres.

Sophie: That's why the procedure must be strictly regulated. It's not something that can be decided lightly. We must ensure that the person is mentally sound, that they've explored all medical options, and that they're making this choice consciously. It's not a decision made due to pressure from others.

Laurent : Mais même avec des encadrements, il y a toujours un risque d'abus. Certains pourraient être influencés de manière subtile par leur entourage ou même par les médecins. Et puis, la vie est précieuse, on ne devrait pas encourager les gens à y renoncer.

Laurent: But even with regulations, there's always a risk of abuse. Some people could be subtly influenced by their relatives or even by doctors. And life is precious; we shouldn't encourage people to give it up.

Sophie : Je ne vois pas ça comme un encouragement à renoncer à la vie. Il s'agit d'offrir une option pour ceux qui n'ont plus aucune qualité de vie. Si quelqu'un souffre énormément et qu'il n'y a plus d'espoir de guérison, pourquoi lui refuserait-on le droit de partir dignement ?

Sophie: I don't see it as encouraging people to give up on life. It's about offering an option for those who no longer have any quality of life. If someone is suffering immensely and there's no hope of recovery, why deny them the right to leave with dignity?

Laurent : Mais la souffrance peut aussi être subjective. Il y a des gens qui traversent des périodes difficiles, qui souffrent psychologiquement, mais qui, avec de l'aide, peuvent retrouver une envie de vivre. Si on ouvre la porte au suicide assisté, on pourrait passer à côté de cette possibilité de guérison.

Laurent: But suffering can also be subjective. Some people go through difficult times, suffer mentally, but with help, they can regain the desire to live. If we open the door to assisted suicide, we might miss that chance for recovery.

Sophie : C'est pour cela que le suicide assisté doit être réservé aux cas extrêmes, où la souffrance est principalement physique, due à une maladie incurable. Ce n'est pas une solution pour tous les problèmes de la vie, mais pour ceux qui n'ont plus d'autre issue. Et puis, la décision est souvent le résultat d'un long processus, avec des consultations médicales et psychologiques.

Sophie: That's why assisted suicide should be reserved for extreme cases, where the suffering is mainly physical, due to an incurable illness. It's not a solution for all life's problems but for those who have no other way out. And often, the decision comes after a long process with medical and psychological consultations.

Laurent : Je comprends, mais je crains que ça envoie un mauvais message sur la valeur de la vie. On pourrait commencer à voir certaines vies comme moins "dignes" d'être vécues. Dans une société qui valorise la productivité et la jeunesse, cela pourrait renforcer l'idée que vieillir ou être malade est une sorte d'échec.

Laurent: I understand, but I fear it sends the wrong message about the value of life. We might start seeing certain lives as less "worthy" of being lived. In a society that values productivity and youth, this could reinforce the idea that ageing or being ill is some sort of failure.

Sophie : C'est là où la société doit changer. L'idée n'est pas de dire que certaines vies valent moins que d'autres, mais de respecter le choix des individus qui, face à une souffrance insupportable et incurable, veulent mettre fin à leur vie. Le suicide assisté n'est pas une fuite, c'est un choix réfléchi pour préserver la dignité.

Sophie: That's where society needs to change. The idea isn't to say that some lives are worth less than others, but to respect the choice of individuals who, in the face of unbearable and incurable suffering, want to end their lives. Assisted suicide isn't an escape; it's a considered choice to preserve dignity.

Laurent : Mais pourquoi ne pas renforcer les soins palliatifs plutôt ? On peut soulager la douleur, offrir un accompagnement jusqu'à la fin de vie sans pour autant passer par le suicide assisté. Avec de bons soins, beaucoup de patients arrivent à trouver une forme de paix.

Laurent: But why not strengthen palliative care instead? We can relieve pain and offer support until the end of life without going through assisted suicide. With good care, many patients manage to find some form of peace.

Sophie : Les soins palliatifs sont essentiels, mais ils ne peuvent pas tout résoudre. Il y a des douleurs qui ne peuvent pas être soulagées, ou des situations où la personne n'a plus aucune qualité de vie. Même avec les meilleurs soins, certaines personnes préfèrent avoir le contrôle de leur mort plutôt que de subir passivement une fin qu'elles trouvent insupportable.

Sophie: Palliative care is essential, but it can't solve everything. There are pains that can't be relieved or situations where the person has no quality of life left. Even with the best care, some people prefer to have control over their death rather than passively endure an end they find unbearable.

Laurent : Je comprends, mais ça reste une décision irréversible. Et il y a aussi des gens qui, après avoir voulu mourir, changent d'avis quand leur situation évolue. Si on leur donne la possibilité de se suicider trop tôt, ils n'auront pas la chance de voir cette amélioration.

Laurent: I understand, but it remains an irreversible decision. And there are also people who, after wanting to die, change their minds when their situation improves. If we give them the option to commit suicide too early, they won't have the chance to see that improvement.

Sophie : C'est pour cela que le processus doit être long et bien encadré, pour s'assurer que la personne est bien certaine de son choix et qu'il n'y a plus d'alternatives. Le suicide assisté ne doit pas être une décision impulsive. Mais je crois que chacun a le droit de décider de sa propre fin de vie, surtout face à des souffrances extrêmes.

Sophie: That's why the process must be long and well-regulated, to ensure the person is absolutely sure of their choice and that there are no alternatives left. Assisted suicide shouldn't be an impulsive decision. But I believe that everyone has the right to decide their own end of life, especially when faced with extreme suffering.

Laurent : Je suis d'accord que c'est une question complexe. Mais je pense qu'on doit toujours favoriser la vie, même dans les moments les plus difficiles. La mort est définitive, et on doit être très prudents avant de légaliser quelque chose d'aussi irréversible que le suicide assisté.

Laurent: I agree that it's a complex issue. But I think we should always favour life, even in the most difficult moments. Death is final, and we must be very cautious before legalising something as irreversible as assisted suicide.

Sophie : C'est pour ça que le débat est si important. Il ne s'agit pas de prendre cette décision à la légère, mais de trouver un équilibre entre la protection de la vie et le respect de la dignité et de la liberté des personnes en fin de vie.

Sophie: That's why the debate is so important. It's not about taking this decision lightly, but about finding a balance between protecting life and respecting the dignity and freedom of people at the end of their lives.

Revenu universel de base : Un débat sur les avantages et les risques

Mathilde : Tu crois vraiment que le revenu universel de base est une bonne idée ? Ça me paraît un peu utopique de donner de l'argent à tout le monde sans condition.

Mathilde: Do you really think a universal basic income is a good idea? It seems a bit utopian to give money to everyone without conditions.

Thomas : Oui, je pense que c'est une solution intéressante, surtout dans un monde où le travail devient de plus en plus précaire et automatisé. Le revenu universel permettrait à chacun d'avoir une sécurité financière de base, peu importe sa situation. Ça donnerait plus de liberté aux gens pour choisir le travail qu'ils veulent faire sans être poussés par la nécessité.

Thomas: Yes, I think it's an interesting solution, especially in a world where work is becoming increasingly precarious and automated. Universal income would give everyone basic financial security, no matter their situation. It would give people more freedom to choose the work they want to do without being pushed by necessity.

Mathilde : Mais d'où viendrait tout cet argent ? Il faudrait des sommes énormes pour financer un revenu de base pour chaque citoyen. Je crains que ce soit économiquement irréaliste. Sans compter que ça pourrait démotiver les gens à travailler. Pourquoi se donner la peine de trouver un emploi si on reçoit de l'argent gratuitement ?

Mathilde: But where would all that money come from? It would take enormous sums to fund a basic income for every citizen. I fear it's economically unrealistic. Not to mention, it could demotivate people from working. Why bother finding a job if you get money for free?

Thomas : C'est une question de redistribution. On pourrait financer le revenu universel en taxant davantage les grandes entreprises, les riches, ou en réaffectant certaines dépenses publiques. De plus, plusieurs études montrent que la plupart des gens continueraient à travailler même avec un revenu de base, parce que le travail apporte plus que juste de l'argent. Il y a aussi la satisfaction personnelle, l'accomplissement et la contribution à la société.

Thomas: It's a matter of redistribution. We could fund universal income by taxing large corporations and the wealthy more, or by reallocating certain public spending. Plus, several studies show that most people would still work even with a basic income, because work offers more than just money. There's also personal satisfaction, achievement, and contribution to society.

Mathilde : Peut-être, mais certains en profiteraient sûrement pour ne plus rien faire du tout. On pourrait créer une société d'assistés où certains travaillent dur pendant que d'autres se reposent sur ce revenu de base. Ça ne me semble pas juste.

Mathilde: Maybe, but some people would surely take advantage of it and do nothing at all. We could create a society where some work hard while others rely on this basic income. That doesn't seem fair to me.

Thomas : Je ne pense pas que la majorité des gens voudraient simplement rester chez eux à ne rien faire. Ce revenu serait là pour assurer les besoins fondamentaux, mais pas pour remplacer totalement les revenus du travail. Et puis, il y a des tas de gens qui aimeraient se consacrer à des activités bénéfiques pour la société, comme le bénévolat, l'art ou l'éducation, mais qui n'ont pas les moyens de le faire aujourd'hui. Le revenu universel leur donnerait cette possibilité.

Thomas: I don't think most people would just stay at home and do nothing. This income would cover basic needs, but not fully replace work income. Also, there are lots of people who would like to dedicate themselves to socially beneficial activities, like volunteering, art, or education, but can't afford to do so today. Universal income would give them that opportunity.

Mathilde : C'est vrai que ça pourrait donner plus de liberté à certains, mais ça ne règle pas les problèmes structurels du marché du travail. Ce n'est pas en distribuant de l'argent qu'on résout le chômage ou la précarité. On a besoin de réformes plus profondes, comme la création d'emplois durables et mieux rémunérés, pas juste d'un chèque mensuel.

Mathilde: It's true that it could give more freedom to some, but it doesn't solve the structural problems of the labour market. Distributing money doesn't fix unemployment or job insecurity. We need deeper reforms, like creating stable and better-paid jobs, not just a monthly cheque.

Thomas : Je suis d'accord que ça ne résout pas tous les problèmes, mais ça peut être un complément aux autres réformes. Avec un revenu de base, les gens seraient moins contraints d'accepter des emplois sous-payés ou précaires juste pour survivre. Ça forcerait aussi les entreprises à offrir de meilleures conditions de travail pour attirer les employés. Le marché du travail pourrait devenir plus équilibré.

Thomas: I agree that it doesn't solve all the problems, but it can complement other reforms. With a basic income, people would be less forced to accept underpaid or insecure jobs just to survive. It would also push companies to offer better working conditions to attract employees. The labour market could become more balanced.

Mathilde : Peut-être, mais tu ne penses pas que ça pourrait aussi provoquer de l'inflation ? Si tout le monde reçoit de l'argent sans condition, les prix des biens et services pourraient augmenter, ce qui annulerait l'effet positif du revenu universel. On se retrouverait avec plus d'argent en circulation, mais sans réelle amélioration du pouvoir d'achat.

Mathilde: Maybe, but don't you think it could also cause inflation? If everyone gets money unconditionally, prices for goods and services could rise, cancelling out the positive effect of universal income. We'd have more money in circulation but no real improvement in purchasing power.

Thomas : L'inflation est un risque, c'est vrai, mais il existe des moyens de la contrôler, par exemple en ajustant le montant du revenu de base ou en régulant les prix dans certains secteurs essentiels comme le logement ou l'alimentation. Dans les expériences de revenu de base menées dans certains pays, l'inflation n'a pas été un problème majeur. Ce n'est pas parce qu'on donne de l'argent aux gens que les prix vont automatiquement monter.

Thomas: Inflation is a risk, that's true, but there are ways to control it, like adjusting the amount of basic income or regulating prices in essential sectors like housing or food. In basic income experiments conducted in some countries, inflation wasn't a major problem. Just giving people money doesn't automatically mean prices will rise.

Mathilde : Peut-être, mais ces expériences étaient à petite échelle. Qu'en serait-il si on appliquait le revenu universel à un pays entier ? Et puis, que faire des services sociaux déjà existants ? Est-ce qu'on remplacerait toutes les aides sociales par ce revenu de base ? Ça pourrait pénaliser ceux qui ont des besoins spécifiques, comme les personnes handicapées ou les familles nombreuses.

Mathilde: Maybe, but those experiments were on a small scale. What would happen if we applied universal income to an entire country? And what about existing social services? Would we replace all welfare with this basic income? That could penalise those with specific needs, like people with disabilities or large families.

Thomas : Ce revenu de base ne serait pas forcément là pour remplacer toutes les aides sociales. Il pourrait être un socle, et les personnes avec des besoins spécifiques continueraient à recevoir des aides adaptées à leur situation. L'idée est de simplifier le système et de garantir à tout le monde une sécurité financière minimale, sans pour autant sacrifier ceux qui ont besoin de plus d'accompagnement.

Thomas: This basic income wouldn't necessarily replace all welfare. It could be a foundation, and people with specific needs would continue to receive assistance tailored to their situation. The idea is to simplify the system and guarantee everyone a minimum level of financial security, without sacrificing those who need more support.

Mathilde : Je comprends, mais je reste sceptique. J'ai l'impression qu'on essaie de trouver une solution simple à des problèmes très complexes. Le revenu universel pourrait aussi décourager l'innovation et l'effort. Si les gens ont tout ce dont ils ont besoin sans travailler, où est la motivation pour entreprendre, innover ou se dépasser ?

Mathilde: I understand, but I'm still sceptical. I feel like we're trying to find a simple solution to very complex problems. Universal income could also discourage innovation and effort. If people have everything they need without working, where's the motivation to start businesses, innovate, or push themselves?

Thomas : Je pense que c'est une fausse idée de croire que l'argent est la seule motivation pour innover ou entreprendre. Beaucoup de gens sont motivés par la passion, l'envie de contribuer à la société ou de résoudre des problèmes. Si on leur enlève la pression financière, ils pourraient se concentrer sur des projets plus ambitieux ou créatifs. Le revenu universel pourrait même encourager l'innovation en libérant du temps et de l'énergie pour ceux qui ont des idées, mais pas les moyens de les concrétiser.

Thomas: I think it's a misconception that money is the only motivation for innovation or entrepreneurship. Many people are motivated by passion, the desire to contribute to society, or to solve problems. If we remove financial pressure, they could focus on more ambitious or creative projects. Universal income could even encourage innovation by freeing up time and energy for those with ideas but no means to pursue them.

Mathilde : Peut-être, mais je continue de penser qu'il y a des risques à donner un revenu à tout le monde sans condition. On pourrait se retrouver avec une société qui ne valorise plus l'effort ni le travail. Et comment savoir si cela fonctionnera vraiment à grande échelle ? C'est un pari risqué pour l'économie.

Mathilde: Maybe, but I still think there are risks in giving everyone an unconditional income. We could end up with a society that no longer values effort or work. And how do we know if it will really work on a large scale? It's a risky bet for the economy.

Thomas : C'est vrai que c'est un pari, mais avec les bouleversements à venir sur le marché du travail, notamment avec l'automatisation et l'intelligence artificielle, on doit commencer à réfléchir à de nouvelles solutions. Le revenu universel pourrait être une réponse à ces défis, en assurant une base de sécurité pour tous. Il ne s'agit pas de remplacer le travail, mais de donner à chacun les moyens de vivre dignement, peu importe les aléas de l'économie.

Thomas: It's true that it's a gamble, but with the upcoming disruptions in the job market, especially with automation and artificial intelligence, we need to start thinking about new solutions. Universal income could be an answer to these challenges by ensuring a safety net for everyone. It's not about replacing work, but about giving everyone the means to live with dignity, regardless of the economy's ups and downs.

Mathilde : Je suis d'accord qu'il faut trouver des solutions pour l'avenir, mais je ne suis pas convaincue que le revenu universel soit la bonne réponse. Il faudrait peut-être l'expérimenter à plus grande échelle avant de l'envisager sérieusement.

Mathilde: I agree that we need to find solutions for the future, but I'm not convinced that universal income is the right answer. Maybe we need to test it on a larger scale before considering it seriously.

Thomas : Absolument, c'est une idée qui mérite d'être testée et affinée. Ce n'est pas la solution miracle, mais ça pourrait être un des moyens de construire une société plus juste et plus égalitaire.

Thomas: Absolutely, it's an idea that deserves to be tested and refined. It's not a miracle solution, but it could be one way to build a fairer and more equal society.

La peine de mort : Un débat sur la justice et l'éthique

Nadia : Tu penses vraiment que la peine de mort devrait être réintroduite ? Ça me paraît totalement archaïque de tuer quelqu'un au nom de la justice.

Nadia: Do you really think the death penalty should be reinstated? It seems totally archaic to me to kill someone in the name of justice.

Antoine : Je pense que pour certains crimes, comme les meurtres en série ou les actes de terrorisme, la peine de mort est une sanction appropriée. Il y a des actes tellement horribles qu'ils méritent une réponse aussi sévère. Cela dissuade aussi d'autres criminels potentiels.

Antoine: I think for certain crimes, like serial murders or acts of terrorism, the death penalty is an appropriate punishment. Some acts are so horrific that they deserve a severe response. It also deters other potential criminals.

Nadia : Mais rien ne prouve que la peine de mort soit un réel facteur de dissuasion. Dans les pays où elle est appliquée, les taux de criminalité violente ne sont pas nécessairement plus bas. Et puis, tuer quelqu'un ne répare pas le mal qui a été fait. Ça ne ramène pas les victimes.

Nadia: But there is no proof that the death penalty is an effective deterrent. In countries where it's used, violent crime rates aren't necessarily lower. And killing someone doesn't undo the harm that's been done. It doesn't bring back the victims.

Antoine : Peut-être que ça ne dissuade pas toujours, mais ça empêche au moins les criminels les plus dangereux de recommencer. Il y a des gens qui sont un danger permanent pour la société. La prison à vie coûte cher et n'offre pas toujours de garanties suffisantes. Certains s'évadent, ou continuent à diriger des organisations criminelles depuis leur cellule.

Antoine: Maybe it doesn't always deter, but at least it prevents the most dangerous criminals from reoffending. Some people are a permanent threat to society. Life imprisonment is costly and doesn't always provide enough security. Some escape or continue to run criminal organisations from their cells.

Nadia : C'est vrai que la prison à vie pose des défis, mais je crois que la justice ne devrait pas être basée sur la vengeance. La peine de mort, c'est une forme de vengeance légalisée. L'État ne devrait pas s'abaisser à tuer, même pour punir les pires criminels. On doit montrer l'exemple, respecter la vie humaine, même celle des coupables.

Nadia: It's true that life imprisonment presents challenges, but I believe justice shouldn't be based on revenge. The death penalty is a form of legalised vengeance. The state shouldn't lower itself to killing, even to punish the worst criminals. We need to set an example, respecting human life, even that of the guilty.

Antoine : Respecter la vie humaine ? Et les victimes dans tout ça ? On oublie souvent qu'elles aussi avaient droit à la vie, mais leur meurtrier l'a volée. Pourquoi devrions-nous être plus cléments envers ceux qui ont commis des crimes atroces que pour leurs victimes ?

Antoine: Respect human life? And what about the victims? People often forget that they, too, had a right to life, but their murderer took it away. Why should we be more lenient with those who've committed atrocious crimes than with their victims?

Nadia : Je ne dis pas qu'on doit être cléments, mais la justice doit être équitable, pas basée sur l'émotion. Et il y a toujours un risque d'erreur judiciaire. Combien de personnes ont été exécutées à tort ? Une fois qu'on a appliqué la peine de mort, il n'y a pas de retour en arrière possible.

Nadia: I'm not saying we should be lenient, but justice must be fair, not driven by emotion. And there's always a risk of judicial error.

How many people have been wrongly executed? Once the death penalty is applied, there's no going back.

Antoine : C'est vrai, l'erreur judiciaire est un argument solide. C'est pour ça qu'il faut des enquêtes rigoureuses et des procédures d'appel strictes. Mais dans certains cas, la culpabilité ne fait aucun doute. Quand il y a des preuves irréfutables, comme des aveux ou des vidéos, l'erreur judiciaire est quasi impossible.

Antoine: That's true, judicial error is a strong argument. That's why we need thorough investigations and strict appeal procedures. But in some cases, there's no doubt about the guilt. When there's irrefutable evidence, like confessions or videos, judicial error is almost impossible.

Nadia : Même avec des preuves solides, il reste toujours une marge d'erreur. L'histoire a montré que des aveux peuvent être obtenus sous la contrainte, et que des preuves peuvent être mal interprétées. Le système judiciaire n'est jamais infaillible. Plutôt que de risquer de tuer un innocent, je préfère qu'on évite complètement la peine de mort.

Nadia: Even with solid evidence, there's always a margin of error. History has shown that confessions can be coerced, and evidence can be misinterpreted. The judicial system is never infallible. Rather than risk killing an innocent person, I prefer that we avoid the death penalty altogether.

Antoine : Je comprends ta préoccupation, mais on ne parle pas de la peine de mort pour des délits mineurs. Il s'agit des crimes les plus graves, ceux qui bouleversent des familles et des communautés entières. Ces criminels ne méritent-ils pas la peine maximale ?

Antoine: I understand your concern, but we're not talking about the death penalty for minor offences. We're talking about the most serious crimes, those that devastate families and entire communities. Don't these criminals deserve the maximum penalty?

Nadia : Ce n'est pas une question de ce qu'ils méritent. Il s'agit de ce que nous, en tant que société, choisissons de faire. Est-ce que notre justice doit être basée sur la punition extrême ou sur la réhabilitation ? La prison à vie est déjà une peine extrêmement lourde, et elle permet au moins de garantir qu'on ne tue personne, même par erreur.

Nadia: It's not a question of what they deserve. It's about what we, as a society, choose to do. Should our justice be based on extreme punishment or on rehabilitation? Life imprisonment is already a very heavy sentence, and at least it guarantees we don't kill anyone, even by mistake.

Antoine : Mais certains criminels ne se réhabilitent jamais. Certains ne regrettent même pas leurs actes. Des tueurs en série, des terroristes qui revendiquent leurs crimes... Pourquoi leur donner la chance de continuer à vivre, même en prison, alors qu'ils ont enlevé la vie à tant d'innocents ?

Antoine: But some criminals never rehabilitate. Some don't even regret their actions. Serial killers, terrorists who proudly claim their crimes… Why give them the chance to continue living, even in prison, when they've taken the lives of so many innocents?

Nadia : Parce que la peine de mort n'apporte pas plus de justice. Elle ne soulage pas vraiment les familles des victimes, et elle ne corrige pas le mal qui a été fait. En tuant, on ne fait que perpétuer un cycle de violence. Et puis, une société civilisée doit être capable de trouver des solutions autres que l'exécution pour punir les criminels.

Nadia: Because the death penalty doesn't bring more justice. It doesn't really ease the pain of the victims' families, and it doesn't right the wrong that was done. By killing, we only perpetuate a cycle of violence. And a civilised society should be able to find alternatives to execution for punishing criminals.

Antoine : C'est peut-être vrai, mais dans certains cas, je pense que la justice doit être ferme. Les crimes les plus monstrueux méritent les sanctions les plus sévères. La peine de mort montre que la société ne tolère pas les atrocités sans conséquence ultime.

Antoine: That might be true, but in some cases, I think justice has to be firm. The most monstrous crimes deserve the harshest sanctions. The death penalty shows that society doesn't tolerate atrocities without the ultimate consequence.

Nadia : Mais la justice ne devrait pas être une simple question de fermeté ou de sévérité. Elle doit aussi être juste et équitable. Si on commence à tuer ceux qui ont tué, on ne fait que perpétuer une logique de mort. Je crois qu'il faut viser une justice plus humaine, qui respecte la dignité de la vie, même celle des criminels.

Nadia: But justice shouldn't just be about firmness or severity. It should also be fair and just. If we start killing those who've killed, we're only continuing a logic of death. I believe we should aim for a more humane justice that respects the dignity of life, even that of criminals.

Antoine : Je comprends ton point de vue, mais je pense que face à des crimes extrêmes, il est légitime de répondre par des mesures extrêmes. La peine de mort n'est peut-être pas une solution parfaite, mais dans certains cas, elle reste la seule réponse adéquate face à la gravité des actes commis.

Antoine: I understand your point of view, but I think that in the face of extreme crimes, it's legitimate to respond with extreme measures. The death penalty might not be a perfect solution, but in some cases, it remains the only adequate response to the severity of the acts committed.

Nadia : Peut-être, mais je crois qu'il est toujours possible de trouver des alternatives. La prison à vie sans possibilité de libération, par exemple, permet de protéger la société sans avoir à recourir à l'exécution. C'est une solution qui préserve la justice tout en évitant les dérives possibles de la peine de mort.

Nadia: Maybe, but I think it's always possible to find alternatives. Life imprisonment without the possibility of release, for example, protects society without resorting to execution. It's a solution that preserves justice while avoiding the possible pitfalls of the death penalty.

Antoine : Peut-être, mais ce débat restera toujours compliqué. Il y aura toujours des crimes tellement horribles qu'ils semblent justifier la peine de mort. Mais je suis d'accord qu'on doit au moins être prudents et bien réfléchir avant de l'appliquer, si elle est maintenue.

Antoine: Maybe, but this debate will always be complicated. There will always be crimes so horrible that they seem to justify the death penalty. But I agree that we must at least be cautious and think carefully before applying it, if it's kept in place.

L'héritage du colonialisme : Un débat sur les responsabilités et les conséquences

Emma : Tu penses vraiment qu'on parle suffisamment de l'héritage du colonialisme ? J'ai l'impression qu'on se concentre beaucoup sur l'Europe, mais qu'on oublie que d'autres puissances ont aussi colonisé des peuples, comme les Arabes, les Turcs, ou encore les Japonais.

Emma: Do you really think we talk enough about the legacy of colonialism? I feel like we focus a lot on Europe, but we forget that other powers also colonised people, like the Arabs, the Turks, or even the Japanese.

Youssef : C'est vrai que lorsqu'on évoque le colonialisme, on pense tout de suite à l'Europe, notamment à la France, au Royaume-Uni, à l'Espagne ou au Portugal. Mais d'autres empires ont aussi exercé une forme de domination coloniale. Le monde arabe, par exemple, a colonisé une grande partie de l'Afrique du Nord et de la péninsule ibérique pendant des siècles. Ce n'était pas forcément très différent de ce qu'ont fait les Européens.

Youssef: It's true that when we talk about colonialism, we immediately think of Europe, especially France, the UK, Spain, or Portugal. But other empires also exerted colonial domination. The Arab world, for example, colonised much of North Africa and the Iberian Peninsula for centuries. It wasn't necessarily very different from what the Europeans did.

Emma : Exactement, et on oublie souvent l'empire ottoman qui a dominé une grande partie de l'Europe de l'Est, du Moyen-Orient et de l'Afrique du Nord. Les Turcs ont imposé leur pouvoir sur des dizaines de peuples pendant des siècles, tout comme les Russes avec leur expansion en Sibérie et en Asie centrale. Pourtant, on ne parle presque jamais de ce colonialisme-là.

Emma: Exactly, and we often forget about the Ottoman Empire, which dominated much of Eastern Europe, the Middle East, and

North Africa. The Turks imposed their power over dozens of peoples for centuries, just like the Russians with their expansion into Siberia and Central Asia. Yet, we almost never talk about that colonialism.

Youssef : Oui, c'est comme si l'histoire de la colonisation avait été réduite à l'Europe seule. Le Japon, par exemple, a mené une politique coloniale agressive en Asie. Ils ont envahi la Corée, la Chine, et d'autres régions du Pacifique. C'était une colonisation brutale, surtout pendant la Seconde Guerre mondiale, et ses effets se font encore sentir aujourd'hui, notamment dans les relations entre ces pays.

Youssef: Yes, it's as if the history of colonisation has been reduced to Europe alone. Japan, for example, pursued an aggressive colonial policy in Asia. They invaded Korea, China, and other regions of the Pacific. It was brutal colonisation, especially during World War II, and its effects are still felt today, particularly in relations between those countries.

Emma : Et que dire de la Chine ? Aujourd'hui, elle est souvent perçue comme une victime du colonialisme européen, mais elle a aussi exercé une forme de domination coloniale sur des régions comme le Tibet ou le Xinjiang, où les populations locales sont opprimées et les cultures minoritaires sont menacées.

Emma: And what about China? Today, it's often seen as a victim of European colonialism, but it has also exercised a form of colonial domination over regions like Tibet or Xinjiang, where local populations are oppressed and minority cultures are threatened.

Youssef : Tout à fait. C'est une forme de colonialisme interne que l'on retrouve aussi en Russie, avec la domination sur les peuples autochtones de Sibérie ou encore dans les régions du Caucase. Ces puissances ont imposé leur culture et leur langue de manière similaire à ce qu'ont fait les Européens dans leurs colonies.

Youssef: Absolutely. It's a form of internal colonialism, which we also see in Russia, with its domination over the indigenous peoples of Siberia and the Caucasus. These powers imposed their culture and language in much the same way as the Europeans did in their colonies.

Emma : Ce qui est frappant, c'est que malgré ces multiples formes de colonialisme, c'est souvent l'Europe qui est pointée du doigt. Bien sûr, l'Europe a sa part de responsabilité dans l'histoire coloniale, avec l'exploitation des ressources et des peuples, mais les autres empires devraient être soumis à la même critique. Le colonialisme arabe, par exemple, a duré plus de mille ans en Afrique, et il a laissé des traces profondes.

Emma: What's striking is that despite these multiple forms of colonialism, it's often Europe that gets pointed out. Of course, Europe has its share of responsibility in colonial history, with the exploitation of resources and peoples, but other empires should be subjected to the same criticism. Arab colonialism, for example, lasted for over a thousand years in Africa, and it left deep marks.

Youssef : Je suis d'accord, mais l'Europe est plus critiquée parce qu'elle a colonisé des régions très vastes et a exporté un modèle de domination qui a profondément marqué le monde moderne. Et puis, l'esclavage transatlantique est souvent au centre des débats sur le colonialisme, en raison de son ampleur et de ses conséquences sur des millions de personnes.

Youssef: I agree, but Europe is more criticised because it colonised vast regions and exported a model of domination that deeply shaped the modern world. And then there's the transatlantic slave trade, which is often at the centre of debates about colonialism because of its scale and its impact on millions of people.

Emma : Oui, mais on oublie aussi que l'esclavage a été pratiqué ailleurs. L'esclavage dans le monde arabe a été massif et a duré des siècles. Des millions d'Africains ont été capturés et vendus dans le monde islamique, souvent dans des conditions atroces. Pourtant, on en parle beaucoup moins que de l'esclavage transatlantique.

Emma: Yes, but we also forget that slavery was practised elsewhere. Slavery in the Arab world was massive and lasted for centuries. Millions of Africans were captured and sold in the Islamic world, often in atrocious conditions. Yet, it's talked about much less than the transatlantic slave trade.

Youssef : C'est vrai. L'esclavage dans le monde islamique a été énorme, et il a eu des conséquences durables sur les populations africaines. Mais je pense que le silence autour de ce sujet est dû en partie à la manière dont l'histoire est enseignée et à la volonté de certains pays d'éviter de reconnaître leurs propres torts.

Youssef: That's true. Slavery in the Islamic world was enormous, and it had lasting consequences on African populations. But I think the silence around this subject is partly due to how history is taught and the desire of some countries to avoid acknowledging their own wrongdoings.

Emma : Et puis, on pourrait aussi mentionner le colonialisme russe en Sibérie, qui a eu des effets dévastateurs sur les peuples autochtones. La Russie a exploité ces terres et imposé sa culture de manière brutale, tout comme les Européens l'ont fait ailleurs. Mais là encore, c'est une histoire dont on parle peu.

Emma: And then, we could also mention Russian colonialism in Siberia, which had devastating effects on indigenous peoples. Russia exploited these lands and imposed its culture brutally, just as the Europeans did elsewhere. But again, it's a story we don't often hear about.

Youssef : Oui, et même aujourd'hui, ces héritages sont encore présents. Les conflits au Tibet, en Crimée, en Palestine ou au Sahara occidental sont en partie liés à cet héritage colonial. Ces situations montrent que le colonialisme ne s'est pas arrêté au XXe siècle et qu'il continue d'influencer les rapports de force dans le monde.

Youssef: Yes, and even today, these legacies are still present. The conflicts in Tibet, Crimea, Palestine, or Western Sahara are partly linked to this colonial heritage. These situations show that colonialism didn't end in the 20th century and continues to influence power dynamics in the world.

Emma : Exactement. Et c'est pour cela qu'il est important de reconnaître que le colonialisme n'est pas une affaire purement européenne. C'est un phénomène global qui a touché de nombreuses régions du monde, et qui a été pratiqué par plusieurs civilisations. L'histoire du colonialisme est beaucoup plus complexe qu'on ne le pense.

Emma: Exactly. And that's why it's important to recognise that colonialism is not purely a European affair. It's a global phenomenon that affected many regions of the world and was practised by several civilisations. The history of colonialism is much more complex than we think.

Youssef : Et c'est aussi une histoire qui ne doit pas se résumer à la culpabilité d'une seule région du monde. Bien sûr, l'Europe a une responsabilité, mais d'autres puissances ont également exercé leur propre forme de domination. Il est important de regarder cette histoire de manière plus large pour mieux comprendre ses conséquences globales.

Youssef: And it's also a story that shouldn't be reduced to the guilt of just one region of the world. Of course, Europe has responsibility, but other powers also exercised their own form of domination. It's important to look at this history more broadly to better understand its global consequences.

Emma : Tout à fait. Si on veut vraiment comprendre l'héritage du colonialisme, il faut examiner toutes les formes qu'il a prises, que ce soit en Europe, dans le monde arabe, en Asie ou ailleurs. Ce n'est qu'en prenant en compte toutes ces dimensions qu'on pourra vraiment avancer vers une réconciliation et une meilleure compréhension de notre passé.

Emma: Absolutely. If we really want to understand the legacy of colonialism, we have to examine all the forms it took, whether in Europe, the Arab world, Asia, or elsewhere. It's only by considering all these dimensions that we can truly move towards reconciliation and a better understanding of our past.

Youssef : Oui, et ça passe aussi par une remise en question des récits dominants. L'histoire du colonialisme doit être réévaluée dans son ensemble, en incluant des perspectives plus diverses. C'est en confrontant ces différents récits qu'on pourra enfin saisir l'ampleur de cet héritage.

Youssef: Yes, and that also means questioning dominant narratives. The history of colonialism must be reassessed as a whole, including more diverse perspectives. By confronting these different narratives, we can finally grasp the full scope of this legacy.

Emma : Absolument. Le colonialisme, sous toutes ses formes, a façonné le monde dans lequel nous vivons. Reconnaître cette réalité, c'est aussi reconnaître les souffrances et les résistances des peuples qui en ont été victimes, qu'ils aient été colonisés par des Européens, des Arabes, des Russes ou d'autres.

Emma: Absolutely. Colonialism, in all its forms, has shaped the world we live in. Recognising this reality also means acknowledging the suffering and resistance of the peoples who were victims, whether colonised by Europeans, Arabs, Russians, or others.

Youssef : Oui, et c'est un travail de mémoire nécessaire pour que les générations futures puissent mieux comprendre ces enjeux et éviter que ces erreurs ne se répètent.

Youssef: Yes, and it's a necessary work of memory so that future generations can better understand these issues and avoid repeating these mistakes.

Intelligence artificielle et emploi : Un débat sur l'avenir du travail

Emma : Tu penses vraiment que l'intelligence artificielle va créer plus d'emplois qu'elle n'en détruira ? J'ai l'impression que ça va surtout remplacer beaucoup de postes, notamment dans les secteurs industriels et administratifs.

Emma: Do you really think artificial intelligence will create more jobs than it will destroy? I feel like it will mostly replace a lot of jobs, especially in industrial and administrative sectors.

Maxime : Oui, c'est possible que l'IA remplace certains emplois, mais elle va aussi en créer de nouveaux. Chaque révolution technologique a suscité des craintes similaires. À l'époque de la révolution industrielle, on craignait que les machines remplacent tous les travailleurs, mais elles ont surtout transformé le marché du travail. L'IA pourrait avoir le même effet.

Maxime: Yes, it's possible that AI will replace some jobs, but it will also create new ones. Every technological revolution has sparked similar fears. During the industrial revolution, people were afraid machines would replace all workers, but they mostly transformed the job market. AI could have the same effect.

Emma : Peut-être, mais cette fois, ça me semble différent. L'IA peut automatiser des tâches complexes, même celles qui nécessitent des compétences intellectuelles. On parle de remplacer des emplois dans la finance, le droit, ou même la médecine. Que vont faire ces personnes si leurs compétences deviennent obsolètes ?

Emma: Maybe, but this time it seems different to me. AI can automate complex tasks, even those that require intellectual skills. We're talking about replacing jobs in finance, law, or even medicine. What will these people do if their skills become obsolete?

Maxime : C'est vrai que l'IA pourrait affecter des secteurs plus qualifiés, mais je pense qu'elle va aussi améliorer ces professions. Par exemple, dans le domaine médical, l'IA peut aider les médecins à poser des diagnostics plus précis ou à analyser des données plus rapidement. Plutôt que de remplacer les humains, elle peut les assister et les rendre plus efficaces.

Maxime: It's true that AI could affect more skilled sectors, but I think it will also improve these professions. For example, in the medical field, AI can help doctors make more accurate diagnoses or analyse data faster. Rather than replacing humans, it can assist them and make them more efficient.

Emma : C'est possible dans certains domaines, mais dans d'autres, l'IA risque de rendre les humains superflus. Si tu prends l'exemple des services clients ou de la logistique, beaucoup de tâches peuvent être entièrement automatisées. Des millions de personnes risquent de perdre leur emploi, et il n'est pas certain qu'elles puissent facilement se reconvertir dans des métiers plus spécialisés.

Emma: That's possible in some fields, but in others, AI could make humans redundant. If you take the example of customer service or logistics, many tasks can be fully automated. Millions of people could lose their jobs, and it's not certain that they'll be able to retrain easily in more specialised fields.

Maxime : Oui, il y aura sans doute des emplois qui disparaîtront, mais c'est pour ça qu'il faut anticiper et former les travailleurs aux compétences de demain. L'IA va aussi créer des opportunités dans des secteurs comme la programmation, la gestion des données, la cybersécurité, ou encore la maintenance des systèmes automatisés. Il faut simplement s'assurer que les gens puissent suivre cette transition.

Maxime: Yes, some jobs will undoubtedly disappear, but that's why we need to anticipate and train workers in the skills of tomorrow. AI will also create opportunities in sectors like programming, data management, cybersecurity, or even the maintenance of automated systems. We just need to make sure people can follow this transition.

Emma : Mais tout le monde n'a pas forcément la capacité ou les moyens de se former à ces nouveaux métiers. Ce sont des compétences très techniques, et beaucoup de travailleurs, surtout ceux qui ont des emplois peu qualifiés, risquent d'être laissés sur le côté. On parle souvent de formation, mais dans la réalité, ça peut être très difficile à mettre en œuvre à grande échelle.

Emma: But not everyone has the ability or the means to train for these new jobs. These are very technical skills, and many workers, especially those in low-skilled jobs, risk being left behind. We often talk about training, but in reality, it can be very difficult to implement on a large scale.

Maxime : C'est vrai que la formation est un défi, mais c'est un défi qu'on peut relever. Les gouvernements et les entreprises doivent investir massivement dans l'éducation et la formation continue pour permettre à tout le monde de s'adapter. On ne peut pas simplement laisser les gens se débrouiller seuls face à cette transformation.

Maxime: It's true that training is a challenge, but it's one we can overcome. Governments and companies must invest heavily in education and continuous training to allow everyone to adapt. We can't just leave people to fend for themselves in the face of this transformation.

Emma : D'accord, mais tu ne crois pas que l'IA risque d'accroître les inégalités ? Les grandes entreprises qui ont les moyens d'investir dans l'IA vont se renforcer, tandis que les petites entreprises et les travailleurs moins qualifiés risquent de ne pas suivre le rythme. Ceux qui maîtrisent l'IA vont prendre une avance considérable, laissant les autres loin derrière.

Emma: OK, but don't you think AI might increase inequalities? Big companies that can afford to invest in AI will grow stronger, while small businesses and less-skilled workers might struggle to keep up. Those who master AI will gain a significant advantage, leaving others far behind.

Maxime : Il y a un risque d'inégalités, c'est certain. Mais c'est pour ça qu'il faut réguler l'usage de l'IA et s'assurer que ses bénéfices soient partagés équitablement. Les gouvernements ont un rôle important à jouer pour éviter que l'IA ne profite qu'à une minorité. Avec de bonnes politiques publiques, on peut limiter les effets négatifs et maximiser les retombées positives.

Maxime: There's definitely a risk of inequality. But that's why we need to regulate the use of AI and ensure its benefits are shared fairly. Governments have an important role to play to prevent AI from benefiting only a minority. With good public policies, we can limit the negative effects and maximise the positive outcomes.

Emma : Je suis sceptique. L'histoire nous montre que les révolutions technologiques ont toujours profité aux plus puissants en premier lieu. Ceux qui ont les ressources s'adaptent et prospèrent, tandis que les autres luttent pour suivre. L'IA pourrait amplifier cette dynamique. Et puis, si de plus en plus de tâches sont automatisées, que restera-t-il comme travail pour les humains à long terme ?

Emma: I'm sceptical. History shows us that technological revolutions have always benefited the most powerful first. Those with resources adapt and thrive, while others struggle to keep up. AI could amplify this dynamic. And then, if more and more tasks are automated, what work will be left for humans in the long run?

Maxime : Je pense qu'il restera toujours des tâches que les machines ne pourront pas accomplir, notamment celles qui nécessitent de la créativité, de l'empathie, ou des compétences relationnelles. Les humains auront toujours un rôle à jouer dans les métiers liés à l'éducation, à la santé, à l'art, et même dans certains aspects de la gestion. L'IA n'est pas capable de tout remplacer.

Maxime: I think there will always be tasks that machines can't accomplish, especially those that require creativity, empathy, or interpersonal skills. Humans will always have a role to play in jobs related to education, healthcare, the arts, and even certain aspects of management. AI isn't capable of replacing everything.

Emma : C'est vrai que certaines tâches seront plus difficiles à automatiser, mais on voit déjà que l'IA commence à s'inviter dans ces domaines. Elle peut composer de la musique, rédiger des articles, et même créer de l'art. Et pour les métiers comme l'éducation ou la santé, l'IA pourrait remplacer une partie du travail des enseignants ou des soignants, notamment dans le suivi personnalisé ou l'analyse des données.

Emma: It's true that some tasks will be harder to automate, but we're already seeing AI entering these fields. It can compose music, write articles, and even create art. And for jobs like education or healthcare, AI could replace part of the work done by teachers or carers, particularly in personalised monitoring or data analysis.

Maxime : C'est vrai, mais l'IA reste un outil, pas une fin en soi. Elle peut assister dans ces tâches, mais elle ne peut pas remplacer complètement l'humain, surtout dans les domaines qui nécessitent une interaction humaine réelle. Les machines ne peuvent pas ressentir de l'empathie ou comprendre les subtilités des relations humaines.

Maxime: That's true, but AI remains a tool, not an end in itself. It can assist in these tasks, but it can't completely replace humans, especially in areas that require real human interaction. Machines can't feel empathy or understand the subtleties of human relationships.

Emma : Je suis d'accord que l'IA a des limites, mais il ne faut pas sous-estimer sa capacité à évoluer. On voit déjà que l'IA dépasse les attentes dans certains domaines. Ce qui m'inquiète, c'est que la technologie avance plus vite que notre capacité à en gérer les conséquences sociales et économiques. Si on ne met pas de garde-fous en place, on risque de se retrouver dans une société où le travail humain devient marginalisé.

Emma: I agree that AI has limits, but we shouldn't underestimate its ability to evolve. We're already seeing AI exceeding expectations in some fields. What worries me is that technology is advancing faster than our ability to manage its social and economic consequences. If we don't put safeguards in place, we risk ending up in a society where human work becomes marginalised.

Maxime : C'est pour ça qu'il est crucial d'avoir un débat public sur ces questions et d'impliquer toutes les parties prenantes, que ce soit les gouvernements, les entreprises ou les syndicats. Il ne s'agit pas de freiner l'innovation, mais de s'assurer qu'elle soit bénéfique pour tout le monde. L'IA peut être une force positive si on l'utilise correctement.

Maxime: That's why it's crucial to have a public debate on these issues and involve all stakeholders, whether governments, businesses, or trade unions. It's not about slowing down innovation, but ensuring that it benefits everyone. AI can be a positive force if we use it correctly.

Emma : Peut-être, mais j'ai l'impression qu'on court après la technologie sans vraiment réfléchir à ses implications à long terme. L'IA pourrait profondément transformer la société, et je ne suis pas sûre qu'on soit prêts pour ça. Si on ne prend pas le temps de réfléchir aux conséquences, on risque de créer plus de problèmes que de solutions.

Emma: Maybe, but I feel like we're racing after technology without really thinking about its long-term implications. AI could profoundly transform society, and I'm not sure we're ready for that. If we don't take the time to consider the consequences, we risk creating more problems than solutions.

Maxime : C'est une révolution technologique, et comme toute révolution, elle apportera son lot de défis. Mais je crois que si on s'y prépare correctement, l'IA peut être une opportunité pour améliorer notre qualité de vie et réinventer le travail. Le tout est de s'assurer que personne ne soit laissé pour compte dans ce processus.

Maxime: It's a technological revolution, and like all revolutions, it will bring its share of challenges. But I believe that if we prepare properly, AI can be an opportunity to improve our quality of life and reinvent work. The key is to make sure no one is left behind in this process.

Emma : Je l'espère, mais j'ai peur que les plus vulnérables soient ceux qui en paieront le prix fort. Si on veut que cette transition vers un monde dominé par l'IA se passe bien, il faudra plus qu'une simple adaptation. Il faudra une refonte en profondeur de notre système éducatif, économique, et social.

Emma: I hope so, but I'm afraid that the most vulnerable will pay the highest price. If we want this transition to a world dominated by AI to go well, we'll need more than just adaptation. It will require a deep overhaul of our educational, economic, and social systems.

Taux de natalité et surpopulation : Un débat sur les défis de la croissance démographique

Sophie : Tu penses vraiment que la surpopulation est le principal problème de notre époque ? Certains disent que c'est surtout une question de répartition des ressources.

Sophie: Do you really think overpopulation is the main problem of our time? Some say it's more about resource distribution.

Antoine : Oui, je pense que la surpopulation est un problème majeur. Plus il y a de monde, plus la pression sur les ressources naturelles augmente. Les terres agricoles, l'eau potable, les espaces de vie... tout devient plus rare. Et on ne peut pas ignorer l'impact environnemental que ça a, avec la déforestation, la pollution et la surconsommation.

Antoine: Yes, I think overpopulation is a major problem. The more people there are, the more pressure there is on natural resources. Farmland, drinking water, living spaces... everything becomes scarcer. And we can't ignore the environmental impact, like deforestation, pollution, and overconsumption.

Sophie : Je comprends, mais le vrai problème n'est-il pas la façon dont ces ressources sont réparties ? Certaines régions, notamment dans les pays riches, consomment beaucoup plus que d'autres. Même avec une population moins importante, ces pays continuent de peser lourdement sur l'environnement. Ce n'est pas forcément le nombre de personnes, mais leur mode de vie qui est en cause.

Sophie: I understand, but isn't the real problem how these resources are distributed? Some regions, particularly in wealthy countries, consume much more than others. Even with a smaller population, these countries still heavily impact the environment. It's not necessarily the number of people, but their lifestyle that's the issue.

Antoine : C'est vrai, mais même si les pays riches réduisaient leur consommation, il reste que la Terre a des limites. Avec une population qui continue d'augmenter, on va inévitablement atteindre un point où il n'y aura plus assez pour tout le monde. Et puis, les pays en développement connaissent encore des taux de natalité élevés. Quand ces populations s'enrichiront, elles adopteront aussi des modes de vie plus gourmands en ressources.

Antoine: That's true, but even if rich countries reduced their consumption, the Earth still has limits. With a population that keeps growing, we'll inevitably reach a point where there's not enough for everyone. And developing countries still have high birth rates. When these populations become wealthier, they'll also adopt more resource-intensive lifestyles.

Sophie : C'est là que des politiques de développement durable et de répartition équitable des richesses doivent entrer en jeu. On ne peut pas juste dire que le problème vient des pays à forte croissance démographique. C'est aux pays riches de montrer l'exemple en réduisant leur empreinte écologique. Et puis, les taux de natalité dans certaines régions du monde baissent déjà naturellement avec l'amélioration de l'éducation et des conditions de vie.

Sophie: That's where sustainable development policies and fair wealth distribution come in. We can't just say the problem comes from countries with high population growth. It's up to wealthy countries to lead by reducing their ecological footprint. And birth rates in some regions are already naturally declining with improvements in education and living conditions.

Antoine : Oui, mais cette baisse est lente. En attendant, la population mondiale continue de croître, surtout dans des régions où les infrastructures ne suivent pas. Cela engendre des migrations massives, des tensions sur les services publics, et même des conflits pour les ressources. Il ne s'agit pas seulement de gérer les ressources, mais aussi de contrôler la croissance démographique pour éviter ces crises.

Antoine: Yes, but that decline is slow. Meanwhile, the global population keeps growing, especially in regions where infrastructure can't keep up. This leads to massive migrations, strain on public services, and even conflicts over resources. It's not just about managing resources but also controlling population growth to avoid these crises.

Sophie : Je suis d'accord que la croissance démographique peut poser des problèmes, mais les solutions doivent être humanitaires. Parler de "contrôle de la population" peut vite mener à des politiques brutales, comme ce qu'on a vu en Chine avec la politique de l'enfant unique. Cela peut avoir des conséquences désastreuses sur les droits humains. La clé, c'est l'éducation, l'accès aux soins et la possibilité pour les femmes de choisir si elles veulent des enfants ou non.

Sophie: I agree that population growth can cause problems, but the solutions must be humanitarian. Talking about "population control" can quickly lead to brutal policies, like we saw in China with the one-child policy. This can have disastrous consequences for human rights. The key is education, access to healthcare, and giving women the choice of whether they want children or not.

Antoine : Je suis entièrement d'accord sur l'importance de l'éducation et des droits des femmes. Mais on ne peut pas non plus ignorer les chiffres. Même avec des politiques bienveillantes, si on ne fait rien pour limiter la croissance de la population, on va vers une situation ingérable. L'idée n'est pas de limiter les naissances par la force, mais d'encourager des choix responsables.

Antoine: I fully agree on the importance of education and women's rights. But we can't ignore the numbers either. Even with benevolent policies, if we don't do something to limit population growth, we're heading for an unmanageable situation. The idea isn't to limit births by force, but to encourage responsible choices.

Sophie : Encourager des choix responsables, oui, mais il faut faire attention à ne pas culpabiliser certaines populations. Dans certaines cultures, avoir beaucoup d'enfants est une nécessité économique ou culturelle. Il ne suffit pas de leur dire "faites moins d'enfants". Il faut s'attaquer aux causes profondes de la pauvreté et de l'insécurité pour que les familles se sentent en sécurité même avec moins d'enfants.

Sophie: Encouraging responsible choices, yes, but we must be careful not to blame certain populations. In some cultures, having many children is an economic or cultural necessity. It's not enough to just tell them "have fewer children". We need to address the root causes of poverty and insecurity so families feel secure even with fewer children.

Antoine : C'est vrai, chaque société a ses propres réalités, mais l'éducation et la sensibilisation doivent faire partie de la solution. Dans beaucoup de pays où les taux de natalité sont élevés, les femmes n'ont pas forcément accès à la contraception ou à une éducation qui leur permettrait de planifier leurs grossesses. Ce n'est pas une question de culpabilisation, mais de donner plus de choix et d'opportunités.

Antoine: That's true, each society has its own realities, but education and awareness must be part of the solution. In many countries with high birth rates, women don't necessarily have access to contraception or education that would allow them to plan their pregnancies. It's not about blaming them, but about giving more choices and opportunities.

Sophie : Mais même dans les pays où l'accès à la contraception est bon, comme dans certaines régions d'Europe, on voit les taux de natalité chuter de manière alarmante. Cela pose un autre problème : celui du vieillissement de la population. Si on pousse trop à la baisse des naissances, on risque de se retrouver avec des sociétés où il y a trop de personnes âgées et pas assez de jeunes pour soutenir l'économie.

Sophie: But even in countries where access to contraception is good, like in some parts of Europe, we're seeing birth rates drop alarmingly. This creates another problem: an ageing population. If we push too hard to lower birth rates, we risk ending up with societies where there are too many elderly people and not enough young people to support the economy.

Antoine : Oui, le vieillissement de la population est un vrai défi, surtout en Europe et au Japon. Mais je crois que c'est une question de rééquilibrage. Il ne s'agit pas de pousser tout le monde à avoir moins d'enfants, mais d'encourager une stabilisation de la population mondiale. Il faut éviter des situations extrêmes, que ce soit une surpopulation incontrôlée ou une dépopulation rapide.

Antoine: Yes, population ageing is a real challenge, especially in Europe and Japan. But I think it's about rebalancing. It's not about pushing everyone to have fewer children, but encouraging the stabilisation of the global population. We need to avoid extreme situations, whether it's uncontrolled overpopulation or rapid depopulation.

Sophie : Ce que tu proposes est plus facile à dire qu'à faire. Chaque pays a ses propres enjeux démographiques. Certains ont besoin d'encourager la natalité pour maintenir leur population active, tandis que d'autres doivent limiter leur croissance. Trouver un équilibre global semble quasiment impossible, surtout quand chaque pays a des priorités différentes.

Sophie: What you're proposing is easier said than done. Every country has its own demographic challenges. Some need to encourage births to maintain their active population, while others need to limit their growth. Finding a global balance seems almost impossible, especially when each country has different priorities.

Antoine : C'est vrai que c'est complexe, mais on ne peut pas éviter le débat sous prétexte que c'est difficile. Il faut aborder cette question avec un esprit ouvert, tout en tenant compte des réalités locales. La surpopulation, combinée à la crise environnementale, est un défi mondial. Si on ne prend pas le problème au sérieux maintenant, on risque de voir des conséquences dramatiques d'ici quelques décennies.

Antoine: It's true that it's complex, but we can't avoid the debate just because it's difficult. We need to address this issue with an open mind, while considering local realities. Overpopulation, combined with the environmental crisis, is a global challenge. If we don't take this problem seriously now, we risk seeing dramatic consequences within a few decades.

Sophie : Je suis d'accord qu'il faut en parler, mais je pense que la surpopulation n'est qu'une partie du problème. La surconsommation des ressources par une petite partie de la population mondiale est tout aussi préoccupante. Si on ne change pas notre mode de vie, même avec moins de naissances, on continuera à épuiser la planète. Le vrai défi, c'est d'apprendre à vivre de manière plus durable.

Sophie: I agree we need to talk about it, but I think overpopulation is just part of the problem. Overconsumption of resources by a small part of the world's population is just as worrying. If we don't change our way of life, even with fewer births, we'll continue to deplete the planet. The real challenge is learning to live more sustainably.

Antoine : C'est là où je te rejoins totalement. La croissance démographique et la surconsommation sont deux faces d'une même pièce. Il faut une approche globale qui inclut à la fois la gestion de la population et un changement radical dans la façon dont nous consommons. Ce n'est qu'en combinant ces efforts qu'on pourra réellement faire face aux défis de demain.

Antoine: That's where I completely agree with you. Population growth and overconsumption are two sides of the same coin. We need a global approach that includes both population management and a radical change in how we consume. It's only by combining these efforts that we'll truly be able to tackle tomorrow's challenges.

Sophie : Absolument. Il faut une solution à la fois écologique et sociale, qui tienne compte des besoins des populations tout en respectant les limites de la planète. Cela demandera de la coopération internationale, des investissements dans l'éducation, et surtout, un changement dans notre manière de penser le développement.

Sophie: Absolutely. We need an ecological and social solution that takes into account the needs of populations while respecting the planet's limits. This will require international cooperation, investments in education, and above all, a change in how we think about development.

Antoine : Oui, et ce changement doit venir rapidement. Si on attend trop, les conséquences de la surpopulation et de la surconsommation seront irréversibles.

Antoine: Yes, and this change needs to come quickly. If we wait too long, the consequences of overpopulation and overconsumption will be irreversible.

Les problèmes environnementaux et le changement climatique : Un débat sur les responsabilités et les solutions

Manon : Tu penses vraiment que nous, les citoyens ordinaires, avons un impact significatif sur les problèmes environnementaux et le changement climatique ? Je crois que c'est surtout aux grandes entreprises et aux gouvernements de prendre leurs responsabilités.

Manon: Do you really think that we, ordinary citizens, have a significant impact on environmental issues and climate change? I believe it's mainly up to big companies and governments to take responsibility.

Pierre : Je comprends ton point de vue, mais je pense que nous avons tous un rôle à jouer. Certes, les entreprises et les gouvernements sont responsables de la majorité des émissions de CO2, mais nos choix de consommation ont aussi un impact. Si on continue à consommer comme si de rien n'était, on alimente ce système destructeur.

Pierre: I understand your point of view, but I think we all have a role to play. Sure, companies and governments are responsible for the majority of CO2 emissions, but our consumer choices also have an impact. If we keep consuming like nothing is wrong, we're feeding this destructive system.

Manon : Oui, mais tu ne penses pas que c'est une façon pour les grandes entreprises de rejeter la responsabilité sur les individus ? Elles nous disent de réduire notre consommation de plastique, d'économiser l'eau, etc., mais elles continuent de polluer à grande échelle. Ce sont elles qui devraient être régulées en priorité.

Manon: Yes, but don't you think it's a way for big companies to shift the responsibility onto individuals? They tell us to reduce our plastic consumption, save water, and so on, but they keep polluting on a massive scale. They should be the ones regulated first.

Pierre : Je suis d'accord que les grandes entreprises doivent être mieux régulées, mais si on attend que les gouvernements agissent seuls, on risque de ne jamais avancer. Le changement doit aussi venir de la base. Si chacun fait un effort pour changer ses habitudes, ça peut créer un mouvement de fond qui pousse les entreprises à s'adapter.

Pierre: I agree that big companies need to be better regulated, but if we wait for governments to act alone, we might never move forward. Change also has to come from the grassroots. If everyone makes an effort to change their habits, it can create a groundswell that pushes companies to adapt.

Manon : Je ne dis pas qu'on ne doit rien faire, mais je trouve qu'on met trop de pression sur les individus, alors que les solutions doivent être systémiques. Par exemple, les énergies fossiles sont encore subventionnées dans de nombreux pays. Tant que ces pratiques existent, peu importe si je trie mes déchets ou si je prends moins l'avion, l'impact sera minime.

Manon: I'm not saying we shouldn't do anything, but I feel there's too much pressure on individuals when the solutions need to be systemic. For example, fossil fuels are still subsidised in many countries. As long as these practices exist, it doesn't matter if I recycle or fly less—the impact will be minimal.

Pierre : C'est vrai, les changements systémiques sont nécessaires. Mais en tant que consommateurs, on a aussi du pouvoir. Si on arrête d'acheter des produits polluants ou issus de pratiques non durables, les entreprises seront obligées de s'adapter. Regarde ce qui s'est passé avec la demande pour les produits bio ou les voitures électriques. Le marché s'adapte aux exigences des consommateurs.

Pierre: That's true, systemic changes are necessary. But as consumers, we also have power. If we stop buying polluting or unsustainable products, companies will be forced to adapt. Look at what happened with the demand for organic products or electric cars. The market adapts to consumer demands.

Manon : Peut-être, mais tout le monde n'a pas les moyens d'acheter bio ou de s'offrir une voiture électrique. Il y a une certaine hypocrisie à demander aux gens de changer leurs habitudes alors que beaucoup n'ont pas les ressources pour le faire. C'est aussi un problème d'inégalités sociales. On ne peut pas juste dire aux plus pauvres de "consommer mieux".

Manon: Maybe, but not everyone can afford to buy organic or get an electric car. There's a certain hypocrisy in asking people to change their habits when many don't have the resources to do so. It's also a problem of social inequality. You can't just tell the poorer to "consume better."

Pierre : Tu as raison, l'écologie doit être accessible à tous. C'est pour cela qu'il faut des politiques publiques qui encouragent et facilitent ces changements. Par exemple, en rendant les transports en commun plus accessibles, en subventionnant les énergies renouvelables ou en réduisant les taxes sur les produits durables. Ce n'est pas seulement une question individuelle, mais aussi une question de justice sociale.

Pierre: You're right, ecology must be accessible to everyone. That's why we need public policies that encourage and facilitate these changes. For example, by making public transport more accessible, subsidising renewable energy, or lowering taxes on sustainable products. It's not just an individual issue but also one of social justice.

Manon : Je suis d'accord sur ce point. Il faut que la transition écologique soit juste, sinon on risque de creuser encore plus les inégalités. Mais j'ai aussi l'impression que le problème du changement climatique est tellement immense que nos petits gestes semblent dérisoires. Quand je vois les incendies de forêt, les inondations, les sécheresses... je me demande si on peut encore vraiment faire quelque chose.

Manon: I agree on that point. The ecological transition needs to be fair, or we risk widening inequalities even more. But I also feel like the climate change problem is so immense that our small actions seem insignificant. When I see forest fires, floods, droughts... I wonder if we can really do anything anymore.

Pierre : C'est vrai que c'est décourageant. Le changement climatique est une crise globale, et il est facile de se sentir impuissant. Mais il ne faut pas perdre espoir. Il y a déjà des solutions qui existent, et si on agit ensemble, on peut encore limiter les dégâts. Des villes, des régions, et même des pays entiers sont en train de mettre en place des politiques ambitieuses pour réduire leurs émissions.

Pierre: It's true, it's discouraging. Climate change is a global crisis, and it's easy to feel powerless. But we mustn't lose hope. There are already solutions in place, and if we act together, we can still limit the damage. Cities, regions, and even entire countries are implementing ambitious policies to reduce their emissions.

Manon : Je l'espère, mais on voit aussi beaucoup de pays qui traînent des pieds, notamment ceux qui dépendent encore fortement des énergies fossiles. Certains gouvernements sont plus préoccupés par la croissance économique que par l'environnement. Comment forcer ces pays à agir quand ils considèrent le climat comme une menace à leur développement ?

Manon: I hope so, but we also see many countries dragging their feet, especially those still heavily dependent on fossil fuels. Some governments are more concerned with economic growth than with the environment. How do we get these countries to act when they see climate change as a threat to their development?

Pierre : C'est un des plus grands défis. Certains pays, surtout ceux en développement, veulent encore exploiter leurs ressources pour rattraper leur retard économique, ce qui est compréhensible. Mais il faut leur montrer que la croissance verte est possible. Les pays riches ont une responsabilité particulière : ils doivent financer la transition écologique dans ces régions pour éviter qu'elles ne répètent les mêmes erreurs.

Pierre: That's one of the biggest challenges. Some countries, especially developing ones, still want to exploit their resources to catch up economically, which is understandable. But we need to show them that green growth is possible. Wealthy countries have a particular responsibility: they must finance the ecological transition in these regions to prevent them from repeating the same mistakes.

Manon : Oui, les pays riches ont une grande part de responsabilité, surtout quand on sait qu'ils sont les principaux responsables du réchauffement climatique historique. Mais j'ai l'impression qu'il y a souvent beaucoup de promesses et peu d'actions concrètes. On parle de milliards pour aider les pays en développement à s'adapter, mais cet argent n'arrive pas toujours.

Manon: Yes, wealthy countries bear a lot of responsibility, especially when we know they are the main historical contributors to climate change. But I often feel there are lots of promises and little concrete action. We talk about billions to help developing countries adapt, but that money doesn't always come through.

Pierre : C'est vrai, il y a beaucoup de paroles et pas toujours assez d'actes. Mais il y a aussi des initiatives positives, comme les accords de Paris, même si on pourrait en faire plus. Il faut que la pression continue, de la part des citoyens, des ONG et des jeunes générations. Le mouvement mondial pour le climat a déjà montré qu'il pouvait influencer les décisions politiques. On ne peut pas baisser les bras maintenant.

Pierre: That's true, there's a lot of talk and not always enough action. But there are also positive initiatives, like the Paris Agreement, although more can be done. We need to keep the pressure up, from citizens, NGOs, and younger generations. The global climate movement has already shown it can influence political decisions. We can't give up now.

Manon : J'admire l'optimisme, mais j'ai peur qu'on réagisse trop tard. On est déjà à plus d'un degré de réchauffement, et les scientifiques disent qu'on pourrait atteindre les 1,5 ou même 2 degrés dans les prochaines décennies. À ce stade, même avec des efforts considérables, on ne pourra pas éviter certains effets catastrophiques du changement climatique.

Manon: I admire the optimism, but I'm afraid we're reacting too late. We're already more than one degree warmer, and scientists say we could reach 1.5 or even 2 degrees in the coming decades. At that point, even with considerable efforts, we won't be able to avoid some of the catastrophic effects of climate change.

Pierre : C'est vrai, on ne pourra pas tout éviter, et certains dégâts sont déjà irréversibles. Mais on peut encore limiter la casse. Si on atteint 1,5 ou 2 degrés, ce sera déjà dramatique, mais si on ne fait rien, on pourrait monter bien plus haut, et là, ce serait un désastre total pour la planète. Chaque action compte, même si elle semble petite à l'échelle individuelle.

Pierre: That's true, we won't be able to avoid everything, and some damage is already irreversible. But we can still limit the worst. If we reach 1.5 or 2 degrees, it will already be dramatic, but if we do nothing, we could go much higher, and that would be a total disaster for the planet. Every action counts, even if it seems small on an individual scale.

Manon : C'est un point de vue, mais j'ai l'impression que beaucoup de gens ne se rendent pas encore compte de l'urgence de la situation. On parle du climat dans les médias, mais au quotidien, la plupart des gens continuent leur vie sans vraiment changer leurs habitudes. Il faudra plus que des campagnes de sensibilisation pour provoquer un changement massif.

Manon: That's one point of view, but I feel like many people still don't realise the urgency of the situation. We talk about climate change in the media, but in daily life, most people carry on without really changing their habits. It will take more than awareness campaigns to provoke massive change.

Pierre : Oui, et c'est pour ça qu'il faut aussi des politiques fortes et des incitations pour encourager les comportements plus durables. Les taxes sur le carbone, par exemple, peuvent aider à réduire les émissions. On ne peut pas compter uniquement sur la bonne volonté des individus. Il faut un cadre réglementaire qui pousse tout le monde, des entreprises aux citoyens, à agir.

Pierre: Yes, and that's why we also need strong policies and incentives to encourage more sustainable behaviours. Carbon taxes, for example, can help reduce emissions. We can't rely solely on people's goodwill. We need a regulatory framework that pushes everyone, from companies to citizens, to act.

Manon : C'est vrai, mais les taxes sur le carbone ne doivent pas pénaliser les plus vulnérables. Encore une fois, si on veut que la transition écologique fonctionne, il faut qu'elle soit juste. Les plus riches, qui polluent le plus, doivent être ceux qui payent le prix fort, et non pas les classes populaires.

Manon: That's true, but carbon taxes shouldn't penalise the most vulnerable. Again, if we want the ecological transition to work, it needs to be fair. The richest, who pollute the most, should be the ones paying the highest price, not the working class.

Pierre : Absolument, la justice climatique doit être au cœur de toute politique environnementale. C'est un défi mondial, mais aussi une opportunité de repenser nos sociétés et nos économies de manière plus équitable. Si on y arrive, on pourra non seulement protéger la planète, mais aussi améliorer la qualité de vie de millions de personnes.

Pierre: Absolutely, climate justice needs to be at the heart of all environmental policies. It's a global challenge but also an opportunity to rethink our societies and economies more fairly. If we succeed, we'll not only protect the planet but also improve the quality of life for millions of people.

Manon : J'espère que tu as raison, mais ça demandera des efforts gigantesques et une coopération internationale sans précédent. On verra si le monde est prêt à relever ce défi.

Manon: I hope you're right, but it will require enormous efforts and unprecedented international cooperation. We'll see if the world is ready to meet this challenge.

Immigration vs. préservation du patrimoine culturel : Un débat sur l'identité et l'intégration

Mathilde : Tu penses vraiment que l'immigration est une menace pour la préservation du patrimoine culturel d'un pays ? J'ai l'impression que c'est un discours alarmiste qui ne reflète pas la réalité.

Mathilde: Do you really think immigration is a threat to preserving a country's cultural heritage? I feel like it's an alarmist narrative that doesn't reflect reality.

Paul : Je ne dirais pas que c'est une "menace", mais il est vrai que l'immigration, surtout lorsqu'elle est massive, peut affecter la culture d'un pays. Quand beaucoup de personnes venues de cultures différentes s'installent dans un même pays, cela peut provoquer des tensions culturelles et changer l'identité nationale. La question, c'est de savoir comment intégrer tout le monde sans perdre ce qui fait la spécificité du pays.

Paul: I wouldn't say it's a "threat," but it's true that immigration, especially when it's large-scale, can affect a country's culture. When many people from different cultures settle in the same country, it can create cultural tensions and change the national identity. The question is how to integrate everyone without losing what makes the country unique.

Mathilde : Je crois justement que la culture d'un pays évolue constamment. L'immigration ne fait qu'enrichir cette culture, en apportant de nouvelles idées, de nouvelles traditions. Si on avait peur de tout changement, la société serait figée. Et puis, qu'est-ce que ça veut dire, au juste, "préserver l'identité culturelle" ? Une culture n'est pas une chose statique, elle se construit à travers les échanges.

Mathilde: I actually think a country's culture is constantly evolving. Immigration only enriches that culture, bringing new ideas and traditions. If we were afraid of any change, society would be stuck. And what does it even mean to "preserve cultural identity"? Culture isn't static; it's built through exchanges.

Paul : C'est vrai que la culture évolue, mais il y a une différence entre une évolution naturelle et un changement brusque dû à une immigration massive. Chaque pays a ses valeurs, ses traditions, son mode de vie, et si on ne fait pas attention, cela peut se diluer ou se perdre face à l'arrivée de nouvelles populations qui ne partagent pas forcément ces valeurs.

Paul: It's true that culture evolves, but there's a difference between natural evolution and a sudden change due to large-scale immigration. Every country has its values, traditions, and way of life, and if we're not careful, these can dilute or be lost with the arrival of new populations who don't necessarily share those values.

Mathilde : Mais tu ne penses pas que c'est justement le rôle de l'intégration de faire en sorte que les nouveaux arrivants adoptent ces valeurs ? L'immigration ne doit pas forcément conduire à la disparition de la culture locale. Si les politiques d'intégration sont bien faites, les immigrés peuvent s'adapter et enrichir la société sans pour autant la déstabiliser.

Mathilde: Don't you think it's precisely the role of integration to ensure that new arrivals adopt those values? Immigration doesn't have to lead to the disappearance of local culture. If integration policies are done right, immigrants can adapt and enrich society without destabilising it.

Paul : Je suis d'accord que l'intégration est essentielle, mais elle n'est pas toujours facile. Dans certains cas, on a l'impression que l'immigration crée des communautés qui restent à part, sans vraiment s'intégrer. Cela peut créer un fossé entre la population locale et les nouveaux arrivants, ce qui alimente des tensions. Et si la culture locale est minorisée dans certaines régions, cela peut poser un problème pour l'unité du pays.

Paul: I agree that integration is essential, but it's not always easy. In some cases, immigration seems to create communities that remain separate, without really integrating. This can create a divide between the local population and newcomers, which fuels tensions. And if the local culture becomes a minority in certain regions, it can be a problem for the country's unity.

Mathilde : Je vois ce que tu veux dire, mais est-ce que ce fossé ne vient pas justement d'un manque de volonté politique pour favoriser une intégration réussie ? Si les gouvernements investissaient davantage dans l'éducation, le logement, et la compréhension mutuelle, il y aurait moins de risques de voir se former des ghettos ou des tensions culturelles.

Mathilde: I see what you mean, but doesn't that divide come from a lack of political will to promote successful integration? If governments invested more in education, housing, and mutual understanding, there would be less risk of ghettos or cultural tensions forming.

Paul : Oui, mais même avec les meilleures politiques d'intégration, il y aura toujours des défis. Certaines cultures sont très différentes des nôtres, et l'intégration ne se fait pas du jour au lendemain. Il y a des valeurs qui sont difficiles à concilier. Par exemple, la laïcité, l'égalité homme-femme, ou encore le rapport à la liberté d'expression. Ce sont des piliers de notre culture qui ne sont pas toujours partagés par ceux qui arrivent.

Paul: Yes, but even with the best integration policies, there will always be challenges. Some cultures are very different from ours, and integration doesn't happen overnight. Some values are hard to reconcile. For example, secularism, gender equality, or freedom of expression. These are pillars of our culture that aren't always shared by those who arrive.

Mathilde : Je suis d'accord que certaines valeurs sont non négociables, comme l'égalité homme-femme ou la liberté d'expression. Mais je pense que la majorité des gens qui immigrent dans un pays veulent s'y adapter. On ne peut pas juger toute une communauté sur la base de quelques comportements extrêmes. Et puis, si on impose un rejet de l'autre au nom de la préservation culturelle, on risque de créer encore plus de divisions.

Mathilde: I agree that some values are non-negotiable, like gender equality or freedom of expression. But I think most people who immigrate to a country want to adapt. We can't judge an entire community based on a few extreme behaviours. And if we impose rejection of others in the name of cultural preservation, we risk creating even more divisions.

Paul : C'est un équilibre difficile à trouver, parce qu'on ne veut pas non plus renoncer à ce qui fait l'âme du pays. On voit déjà dans certains pays européens que l'immigration a provoqué des changements profonds dans la société, parfois au détriment de la culture locale. Les habitants se sentent parfois dépossédés de leur propre pays.

Paul: It's a difficult balance to find because we don't want to give up what makes up the soul of the country. We've already seen in some European countries that immigration has caused deep changes in society, sometimes at the expense of the local culture. People sometimes feel dispossessed of their own country.

Mathilde : Mais il ne faut pas oublier que l'immigration a toujours fait partie de l'histoire des nations. Beaucoup de cultures se sont construites grâce à des vagues migratoires successives. Le mélange des cultures, ça peut être une force. Le tout, c'est de réussir à créer un dialogue entre les différentes communautés pour construire quelque chose de commun.

Mathilde: But we shouldn't forget that immigration has always been part of a nation's history. Many cultures have been built through successive waves of migration. The blending of cultures can be a strength. The key is to create dialogue between different communities to build something shared.

Paul : Oui, mais il faut que ce dialogue soit équilibré. Il ne s'agit pas d'effacer la culture d'accueil pour faire de la place à celle des nouveaux arrivants. Le patrimoine, c'est ce qui donne une identité aux peuples, et s'il disparaît ou est dilué, cela peut créer un sentiment de perte chez les citoyens. On a vu, dans certains pays, une montée du populisme en réaction à ce sentiment d'invasion culturelle.

Paul: Yes, but that dialogue needs to be balanced. It's not about erasing the host culture to make room for that of the newcomers. Heritage is what gives identity to people, and if it disappears or is diluted, it can create a sense of loss among citizens. We've seen, in some countries, a rise in populism as a reaction to this feeling of cultural invasion.

Mathilde : C'est justement parce qu'on n'a pas suffisamment mis en place de vraies politiques d'intégration. La montée du populisme n'est pas une fatalité. Si on valorise la diversité tout en encourageant l'apprentissage des valeurs du pays d'accueil, je pense qu'on peut éviter ces tensions. L'immigration ne doit pas être perçue comme une menace, mais comme une opportunité d'enrichir le patrimoine culturel existant.

Mathilde: That's exactly because we haven't put enough real integration policies in place. The rise of populism isn't inevitable. If we value diversity while encouraging learning the host country's values, I think we can avoid these tensions. Immigration shouldn't be seen as a threat but as an opportunity to enrich the existing cultural heritage.

Paul : Peut-être, mais encore une fois, tout dépend de la capacité à intégrer ces nouvelles populations sans trop bouleverser l'équilibre existant. Je crois qu'on doit préserver certains aspects essentiels de la culture, sinon, on risque de perdre ce qui fait l'identité du pays.

Paul: Maybe, but once again, it all depends on the ability to integrate these new populations without upsetting the existing balance too much. I believe we must preserve certain essential aspects of culture, otherwise we risk losing what makes up the country's identity.

Mathilde : Je comprends ton inquiétude, mais il ne faut pas non plus tomber dans la peur du changement. Le monde évolue, les cultures évoluent, et il est possible de préserver ce qui est important tout en s'ouvrant aux autres. L'essentiel, c'est de créer une société inclusive où tout le monde peut contribuer au bien commun sans renier ses racines.

Mathilde: I understand your concern, but we mustn't fall into the fear of change. The world evolves, cultures evolve, and it's possible to preserve what's important while opening up to others. The key is to create an inclusive society where everyone can contribute to the common good without renouncing their roots.

Paul : C'est là tout l'enjeu : trouver un équilibre entre ouverture et préservation. Mais on ne peut pas nier qu'un afflux massif d'immigration peut rendre cet équilibre difficile à maintenir, surtout si la culture d'accueil se sent menacée ou minoritaire dans certaines régions.

Paul: That's the real challenge: finding a balance between openness and preservation. But we can't deny that a massive influx of immigration can make that balance difficult to maintain, especially if the host culture feels threatened or becomes a minority in some areas.

Mathilde : C'est pourquoi l'éducation est primordiale. Il faut que tout le monde, les nouveaux arrivants comme les locaux, apprenne à coexister et à partager les mêmes valeurs de respect et de tolérance. Si on parvient à cela, l'immigration ne sera plus perçue comme une menace, mais comme une source d'enrichissement mutuel.

Mathilde: That's why education is crucial. Everyone, both newcomers and locals, needs to learn to coexist and share the same values of respect and tolerance. If we can achieve that, immigration will no longer be seen as a threat, but as a source of mutual enrichment.

Paul : Je suis d'accord qu'une société inclusive est l'idéal à atteindre, mais je crois que cela demande un vrai travail sur les valeurs fondamentales à partager. Si on perd de vue ces valeurs, alors on risque de voir la culture du pays d'accueil s'effriter peu à peu.

Paul: I agree that an inclusive society is the ideal to aim for, but I think it requires real work on the fundamental values to be shared. If we lose sight of those values, we risk seeing the host country's culture gradually erode.

Mathilde : C'est un débat complexe, c'est sûr. Mais je pense que, tant qu'on reste attachés aux valeurs essentielles de la démocratie, de la liberté et de l'égalité, il est possible de construire une société où le patrimoine culturel est à la fois préservé et enrichi par les apports extérieurs.

Mathilde: It's a complex debate, that's for sure. But I think that as long as we stay committed to the essential values of democracy, freedom, and equality, it's possible to build a society where cultural heritage is both preserved and enriched by external contributions.

Paul : Espérons-le, mais cela demandera des efforts de part et d'autre pour réussir cette cohabitation sans que l'un prenne le dessus sur l'autre.

Paul: Let's hope so, but it will require effort from both sides to achieve this coexistence without one overshadowing the other.

Monnaie fiduciaire vs. étalon-or : Un débat sur la stabilité et la valeur de la monnaie

Nicolas : Tu penses vraiment que l'étalon-or devrait être réintroduit ? Dans un monde moderne, cela me paraît complètement dépassé. Les monnaies fiduciaires nous ont permis de développer l'économie mondiale bien plus rapidement.

Nicolas: Do you really think the gold standard should be reintroduced? In a modern world, it seems completely outdated to me. Fiat currencies have allowed us to develop the global economy much faster.

Marie : Je crois que l'étalon-or apporterait plus de stabilité. Avec les monnaies fiduciaires, les banques centrales impriment de l'argent à volonté, ce qui conduit à de l'inflation et parfois même à des crises financières. L'or, lui, est une ressource limitée. Si notre monnaie était à nouveau basée sur l'or, il y aurait moins de risques de dévaluation massive.

Marie: I believe the gold standard would bring more stability. With fiat currencies, central banks print money at will, which leads to inflation and sometimes even financial crises. Gold, on the other hand, is a limited resource. If our currency were based on gold again, there would be less risk of massive devaluation.

Nicolas : Mais c'est justement l'avantage des monnaies fiduciaires. Elles sont flexibles. Les gouvernements peuvent ajuster la quantité de monnaie en circulation selon les besoins de l'économie. Si on était toujours sur l'étalon-or, on serait limités par la quantité d'or disponible. Cela freinerait la croissance et l'innovation.

Nicolas: But that's exactly the advantage of fiat currencies. They are flexible. Governments can adjust the amount of money in circulation according to the needs of the economy. If we were still on the gold standard, we would be limited by the amount of gold available. This would slow growth and innovation.

Marie : Oui, mais cette "flexibilité" est aussi ce qui provoque des bulles spéculatives et des crises. Regarde la crise financière de 2008. C'était en grande partie dû à l'expansion excessive de la monnaie et au crédit facile. Avec l'étalon-or, il n'y aurait pas eu autant de monnaie en circulation, et on aurait évité de telles catastrophes.

Marie: Yes, but this "flexibility" is also what causes speculative bubbles and crises. Look at the 2008 financial crisis. It was largely due to the excessive expansion of money and easy credit. With the gold standard, there wouldn't have been so much money in circulation, and we could have avoided such catastrophes.

Nicolas : Peut-être, mais la crise de 2008 était plus liée à une mauvaise régulation des marchés financiers qu'à la monnaie en elle-même. De plus, avec l'étalon-or, les gouvernements n'auraient pas pu injecter autant de liquidités pour relancer l'économie après la crise. Les monnaies fiduciaires permettent aux États de réagir rapidement face aux crises économiques.

Nicolas: Maybe, but the 2008 crisis was more related to poor regulation of financial markets than to the currency itself. Additionally, with the gold standard, governments wouldn't have been able to inject as much liquidity to restart the economy after the crisis. Fiat currencies allow states to react quickly to economic crises.

Marie : C'est vrai que les États peuvent réagir plus vite, mais à quel prix ? On continue d'imprimer de la monnaie pour résoudre les crises, ce qui finit par affaiblir la valeur de cette monnaie. L'inflation augmente, et ce sont les épargnants et les plus pauvres qui en souffrent le plus. L'or, en revanche, conserve sa valeur sur le long terme.

Marie: It's true that states can react faster, but at what cost? We keep printing money to solve crises, which eventually weakens the value of that currency. Inflation rises, and it's the savers and the poorest who suffer the most. Gold, however, retains its value in the long term.

Nicolas : D'accord, l'inflation peut être un problème, mais les banques centrales ont des outils pour la contrôler. Et puis, si on était encore sur l'étalon-or, les économies seraient beaucoup plus rigides. Les pays en développement, par exemple, auraient du mal à se procurer suffisamment d'or pour soutenir leur croissance. Cela créerait des inégalités encore plus grandes entre les pays riches et les pays pauvres.

Nicolas: Agreed, inflation can be a problem, but central banks have tools to control it. And if we were still on the gold standard, economies would be much more rigid. Developing countries, for example, would struggle to obtain enough gold to support their growth. This would create even greater inequalities between rich and poor countries.

Marie : Peut-être, mais l'or est universellement reconnu comme une valeur refuge. Il y a une raison pour laquelle les investisseurs se tournent vers l'or en période de crise. Les monnaies fiduciaires, elles, sont basées sur la confiance dans les gouvernements, et cette confiance peut s'effondrer. Si une crise de confiance survient, la monnaie fiduciaire peut perdre toute sa valeur en un instant, comme on l'a vu avec certaines monnaies hyperinflationnistes.

Marie: Maybe, but gold is universally recognised as a safe haven. There's a reason why investors turn to gold in times of crisis. Fiat currencies, on the other hand, are based on trust in governments, and that trust can collapse. If a crisis of confidence arises, fiat currency can lose all its value in an instant, as we've seen with some hyperinflationary currencies.

Nicolas : C'est vrai, mais l'économie moderne est beaucoup plus complexe. L'étalon-or ne permettrait pas d'accommoder la croissance exponentielle que nous connaissons aujourd'hui. Le système financier actuel, bien qu'imparfait, a permis de créer des milliards d'emplois et de sortir des millions de personnes de la pauvreté. L'or, c'est du passé. Les monnaies fiduciaires sont l'avenir.

Nicolas: That's true, but the modern economy is much more complex. The gold standard wouldn't allow for the exponential growth we see today. The current financial system, though imperfect, has created billions of jobs and lifted millions of people out of poverty. Gold is a thing of the past. Fiat currencies are the future.

Marie : Je ne suis pas d'accord. L'avenir doit être basé sur une stabilité monétaire réelle. Les monnaies fiduciaires sont volatiles, et cette instabilité est dangereuse pour les économies mondiales. On voit des fluctuations énormes entre les devises, ce qui complique le commerce international et les investissements à long terme. Avec l'or, la monnaie serait stable et sa valeur mieux préservée.

Marie: I disagree. The future must be based on real monetary stability. Fiat currencies are volatile, and this instability is dangerous for global economies. We see huge fluctuations between currencies, which complicates international trade and long-term investments. With gold, currency would be stable and its value better preserved.

Nicolas : Mais l'économie mondiale a besoin de cette flexibilité. On ne peut pas être limités par une ressource physique comme l'or. La quantité d'or dans le monde est fixe, alors que la population et les besoins économiques augmentent. Si on basait à nouveau notre monnaie sur l'or, cela limiterait l'expansion économique et conduirait à la déflation, ce qui est encore pire que l'inflation.

Nicolas: But the global economy needs this flexibility. We can't be limited by a physical resource like gold. The amount of gold in the world is fixed, while the population and economic needs are increasing. If we based our currency on gold again, it would limit economic expansion and lead to deflation, which is even worse than inflation.

Marie : Je ne dis pas que l'étalon-or est sans défauts, mais au moins, il offre une base solide. La déflation peut être gérée, et elle ne conduit pas forcément à des crises comme l'inflation le fait. Aujourd'hui, avec la monnaie fiduciaire, les gouvernements peuvent manipuler la monnaie pour atteindre leurs objectifs politiques, ce qui crée une instabilité globale.

Marie: I'm not saying the gold standard is without flaws, but at least it offers a solid base. Deflation can be managed, and it doesn't necessarily lead to crises like inflation does. Today, with fiat currency, governments can manipulate money to achieve their political goals, which creates global instability.

Nicolas : Les banques centrales doivent effectivement être vigilantes, mais il ne faut pas oublier que l'économie moderne repose sur la croissance. La flexibilité des monnaies fiduciaires permet de soutenir cette croissance et d'éviter les pénuries monétaires qui pourraient bloquer les échanges et les investissements.

Nicolas: Central banks do indeed need to be vigilant, but we shouldn't forget that the modern economy is based on growth. The flexibility of fiat currencies allows for the support of this growth and prevents monetary shortages that could block trade and investment.

Marie : Mais à quel prix ? Cette croissance sans limites conduit aussi à l'épuisement des ressources naturelles, à l'augmentation des inégalités et à des crises environnementales. Avec l'étalon-or, la croissance serait plus mesurée, et peut-être plus durable. La stabilité monétaire pourrait encourager un développement plus responsable et moins orienté vers le profit à court terme.

Marie: But at what cost? This limitless growth also leads to the depletion of natural resources, increased inequality, and environmental crises. With the gold standard, growth would be more measured, and perhaps more sustainable. Monetary stability could encourage more responsible development and less short-term profit-driven actions.

Nicolas : C'est une belle idée, mais je crois que c'est un peu utopique. Le monde est trop interconnecté et rapide pour revenir à un système basé sur l'or. Les monnaies fiduciaires sont nécessaires pour gérer une économie mondiale complexe. L'essentiel est d'avoir une régulation forte et une gestion responsable de la monnaie, pas de revenir à un système rigide comme l'étalon-or.

Nicolas: It's a nice idea, but I think it's a bit utopian. The world is too interconnected and fast-paced to return to a system based on gold. Fiat currencies are necessary to manage a complex global economy. The key is strong regulation and responsible currency management, not going back to a rigid system like the gold standard.

Marie : Peut-être que l'étalon-or est rigide, mais c'est cette rigidité qui garantit sa valeur. Aujourd'hui, les monnaies fiduciaires peuvent être manipulées par les politiques, ce qui nous expose à des risques majeurs, comme les bulles spéculatives et les crises financières. Avec l'or, on aurait une base monétaire solide, indépendante des aléas politiques.

Marie: Maybe the gold standard is rigid, but it's that rigidity that guarantees its value. Today, fiat currencies can be manipulated by politics, which exposes us to major risks like speculative bubbles and financial crises. With gold, we would have a solid monetary base, independent of political whims.

Nicolas : Je comprends ton point de vue, mais je pense que l'économie moderne a besoin de souplesse pour s'adapter aux défis mondiaux. L'étalon-or a peut-être bien fonctionné à une époque, mais il n'est plus adapté aux réalités actuelles. Ce qu'il nous faut, c'est une gestion rigoureuse des monnaies fiduciaires, pas un retour en arrière.

Nicolas: I understand your point of view, but I think the modern economy needs flexibility to adapt to global challenges. The gold standard may have worked well at one time, but it's no longer suited to today's realities. What we need is rigorous management of fiat currencies, not a step backward.

Marie : Peut-être que le futur est dans une solution hybride, où on combine certains aspects de l'étalon-or avec la flexibilité des monnaies fiduciaires. Mais dans tous les cas, la stabilité monétaire doit être au cœur des débats économiques, car sans elle, nous sommes toujours à la merci de la prochaine crise.

Marie: Maybe the future lies in a hybrid solution, where we combine some aspects of the gold standard with the flexibility of fiat currencies. But in any case, monetary stability must be at the heart of economic debates, because without it, we're always at the mercy of the next crisis.

Nicolas : Sur ce point, je suis d'accord. La stabilité est essentielle, mais je crois qu'elle peut être atteinte sans pour autant revenir à l'étalon-or. Il faudra des réformes et une plus grande responsabilité de la part des gouvernements et des banques centrales.

Nicolas: On that point, I agree. Stability is essential, but I believe it can be achieved without returning to the gold standard. It will require reforms and greater responsibility from governments and central banks.

Islam vs. Christianisme : Un débat sur l'histoire, les figures religieuses et les valeurs morales

Camille : Tu penses vraiment qu'on peut comparer les actions de Mahomet et celles de Jésus ? Ils viennent de contextes tellement différents, et leurs enseignements sont souvent mal interprétés, surtout quand on parle de violence ou de guerre.

Camille: Do you really think we can compare the actions of Muhammad and Jesus? They come from such different contexts, and their teachings are often misinterpreted, especially when it comes to violence or war.

Marc : Je pense que la comparaison est intéressante, surtout quand on regarde l'histoire de leurs actions. Mahomet a mené des guerres, commis des actes de violence, et a même autorisé l'esclavage. Cela a jeté les bases de siècles de domination et d'asservissement sous le système islamique. Jésus, de son côté, prêchait la paix, l'amour du prochain et le pardon. Les deux figures incarnent des approches très différentes.

Marc: I think the comparison is interesting, especially when we look at their actions throughout history. Muhammad led wars, committed acts of violence, and even authorised slavery. This laid the foundation for centuries of domination and enslavement under the Islamic system. Jesus, on the other hand, preached peace, love for one's neighbour, and forgiveness. The two figures embody very different approaches.

Camille : C'est vrai que les deux figures sont très différentes, mais il faut replacer Mahomet dans le contexte de l'Arabie du VIIe siècle. À cette époque, les tribus arabes étaient constamment en guerre, et l'esclavage était une pratique courante. Mahomet a effectivement mené des guerres, mais c'était dans le cadre de la survie de sa communauté. Jésus, quant à lui, vivait dans un contexte où il n'avait pas besoin de prendre les armes pour défendre sa foi.

Camille: It's true that the two figures are very different, but we must place Muhammad in the context of 7th-century Arabia. At that time, Arab tribes were constantly at war, and slavery was a common practice. Muhammad did indeed lead wars, but it was in the context of the survival of his community. Jesus, on the other hand, lived in a context where he didn't need to take up arms to defend his faith.

Marc : C'est peut-être vrai, mais le fait est que Mahomet a utilisé la violence et la coercition pour imposer ses idées. Il a même ordonné des assassinats de critiques et la soumission de communautés juives par la force. C'est difficile de concilier ces actes avec l'idée d'un prophète qui prêche la paix. Et ça a donné lieu à une longue tradition de conquête et d'esclavage dans le monde islamique.

Marc: That may be true, but the fact is that Muhammad used violence and coercion to impose his ideas. He even ordered the assassination of critics and the submission of Jewish communities by force. It's hard to reconcile these acts with the idea of a prophet who preaches peace. And it gave rise to a long tradition of conquest and slavery in the Islamic world.

Camille : Oui, il y a eu des actes de guerre et des conquêtes, mais il ne faut pas oublier que Mahomet a aussi instauré des règles plus humaines pour l'époque. Il a limité l'esclavage, encouragé la libération des esclaves, et instauré des lois pour protéger les droits des femmes et des orphelins. C'était un progrès par rapport à ce qui se faisait alors en Arabie. De plus, beaucoup de ces conquêtes ont été réalisées après sa mort, sous les califes.

Camille: Yes, there were acts of war and conquests, but we shouldn't forget that Muhammad also introduced more humane rules for the time. He limited slavery, encouraged the freeing of slaves, and established laws to protect the rights of women and orphans. It was progress compared to what was happening in

Arabia at the time. Also, many of these conquests were carried out after his death, under the caliphs.

Marc : Mais même après sa mort, ses actions et ses enseignements ont servi de justification pour des siècles d'esclavage dans le monde islamique. Pendant 1400 ans, l'esclavage a prospéré, touchant des millions de personnes, y compris des Africains et des Européens. Dans le christianisme, bien que des crimes aient été commis, l'enseignement de Jésus lui-même n'a jamais prôné la violence ou l'asservissement.

Marc: But even after his death, his actions and teachings were used to justify centuries of slavery in the Islamic world. For 1400 years, slavery thrived, affecting millions of people, including Africans and Europeans. In Christianity, although crimes were committed, Jesus' teachings themselves never advocated violence or enslavement.

Camille : L'esclavage a aussi existé dans le monde chrétien, ne l'oublions pas. Et pendant des siècles, des chrétiens ont utilisé la Bible pour justifier l'esclavage et la colonisation. Ce n'est pas propre à l'islam. Les croisades, les inquisitions... le christianisme n'a pas été exempt de violence. On ne peut pas dire que Jésus était plus "pacifique" simplement parce que ses disciples ont interprété ses enseignements différemment.

Camille: Slavery also existed in the Christian world, let's not forget that. For centuries, Christians used the Bible to justify slavery and colonisation. It's not unique to Islam. The Crusades, the Inquisitions... Christianity wasn't free from violence. You can't say Jesus was more "peaceful" just because his disciples interpreted his teachings differently.

Marc : C'est vrai que l'histoire du christianisme est loin d'être parfaite, mais la différence, c'est que Jésus lui-même n'a jamais prêché la violence. Il a même demandé de "tendre l'autre joue". Les croisades et autres atrocités sont des déviations de ses enseignements. En revanche, Mahomet a activement participé à des guerres et à des actes violents, et ces actions font partie intégrante de l'histoire islamique.

Marc: It's true that Christianity's history is far from perfect, but the difference is that Jesus himself never preached violence. He even asked to "turn the other cheek." The Crusades and other atrocities are deviations from his teachings. In contrast, Muhammad actively participated in wars and violent acts, and these actions are an integral part of Islamic history.

Camille : Je pense qu'il est trop simpliste de résumer l'islam à la violence de Mahomet. L'islam est une religion complexe qui prône aussi la paix, la charité et la justice. Beaucoup de musulmans aujourd'hui suivent ces principes, tout comme les chrétiens suivent les enseignements de Jésus. Ce sont souvent des éléments historiques ou politiques qui ont exacerbé la violence dans les deux religions.

Camille: I think it's too simplistic to reduce Islam to the violence of Muhammad. Islam is a complex religion that also advocates peace, charity, and justice. Many Muslims today follow these principles, just as Christians follow Jesus' teachings. It's often historical or political factors that have exacerbated violence in both religions.

Marc : Certes, mais il ne faut pas minimiser les actes de Mahomet non plus. Quand on parle de son rôle de chef de guerre, de ses attaques contre des tribus juives et de l'esclavage qu'il a cautionné, ce ne sont pas de simples détails historiques. Ce sont des faits qui ont façonné l'histoire du monde islamique et qui ont encore des répercussions aujourd'hui.

Marc: Certainly, but we shouldn't downplay Muhammad's actions either. When we talk about his role as a war leader, his attacks on Jewish tribes, and the slavery he condoned, these aren't just historical footnotes. These are facts that shaped the history of the Islamic world and still have repercussions today.

Camille : Mais il faut aussi comprendre que ces actes étaient contextuels. Mahomet a vécu dans un monde où la survie dépendait parfois de la guerre. Ce n'était pas un pacifiste comme Jésus, mais cela ne veut pas dire que son message était entièrement basé sur la violence. Il prônait aussi la miséricorde et la justice, et beaucoup de ses décisions étaient prises pour protéger sa communauté dans un environnement hostile.

Camille: But we also have to understand that these actions were contextual. Muhammad lived in a world where survival sometimes depended on war. He wasn't a pacifist like Jesus, but that doesn't mean his message was entirely based on violence. He also advocated mercy and justice, and many of his decisions were made to protect his community in a hostile environment.

Marc : Peut-être, mais cela ne justifie pas tout. Ce qui me dérange, c'est que beaucoup de ces actes sont toujours vus comme des exemples à suivre dans certaines branches de l'islam radical. On voit encore des mouvements qui justifient la violence au nom de Mahomet, alors que les enseignements de Jésus ont toujours été interprétés comme un appel à la paix.

Marc: Maybe, but that doesn't justify everything. What bothers me is that many of these actions are still seen as examples to follow in certain branches of radical Islam. We still see movements justifying violence in Muhammad's name, whereas Jesus' teachings have always been interpreted as a call for peace.

Camille : Oui, mais ces groupes radicaux ne représentent pas la majorité des musulmans. La plupart des musulmans modernes interprètent les actes de Mahomet dans un contexte spirituel et moral, pas comme une incitation à la violence. Et puis, n'oublions pas que beaucoup de conflits ont aussi été menés au nom du christianisme, même si Jésus prêchait la paix. Les religions peuvent être dévoyées par les hommes.

Camille: Yes, but these radical groups don't represent the majority of Muslims. Most modern Muslims interpret Muhammad's actions in a spiritual and moral context, not as an incitement to violence. And let's not forget that many conflicts have also been waged in the name of Christianity, even though Jesus preached peace. Religions can be distorted by men.

Marc : C'est vrai, mais je crois que le cœur du problème est dans les textes et dans les exemples donnés par les figures fondatrices. Jésus a toujours prôné la paix et le pardon, tandis que Mahomet a, à plusieurs reprises, utilisé la violence pour parvenir à ses fins. C'est une différence fondamentale qui, à mon avis, se reflète dans l'histoire des deux religions.

Marc: That's true, but I believe the core of the problem lies in the texts and the examples set by the founding figures. Jesus always advocated peace and forgiveness, whereas Muhammad, on several occasions, used violence to achieve his aims. That's a fundamental difference that, in my opinion, is reflected in the history of the two religions.

Camille : Je pense que l'important, c'est de reconnaître que les religions sont des constructions humaines qui évoluent avec le temps. Les actes de Mahomet doivent être replacés dans leur contexte, tout comme ceux des premiers chrétiens. Aujourd'hui, ce qui compte, c'est de voir comment ces religions s'adaptent au monde moderne et comment elles peuvent promouvoir la paix et la compréhension.

Camille: I think what's important is to recognise that religions are human constructs that evolve over time. Muhammad's actions must be viewed in context, just like those of the early Christians. Today, what matters is how these religions adapt to the modern world and how they can promote peace and understanding.

Marc : Je suis d'accord sur le fait que les religions doivent évoluer, mais je pense que la comparaison entre Jésus et Mahomet reste essentielle pour comprendre pourquoi ces deux religions ont pris des directions si différentes. L'islam a été marqué par la guerre dès ses débuts, alors que le christianisme a été fondé sur l'idée de sacrifice personnel et de paix.

Marc: I agree that religions must evolve, but I think the comparison between Jesus and Muhammad is essential to understanding why these two religions have taken such different paths. Islam was marked by war from its early days, while Christianity was founded on the idea of personal sacrifice and peace.

Camille : Peut-être, mais les deux religions ont aussi un potentiel pour inspirer la paix et la justice. Le problème, c'est la manière dont les enseignements sont parfois interprétés et utilisés à des fins politiques. Que ce soit Mahomet ou Jésus, leurs messages peuvent être déformés selon les époques et les circonstances.

Camille: Maybe, but both religions also have the potential to inspire peace and justice. The problem is how their teachings are sometimes interpreted and used for political purposes. Whether it's Muhammad or Jesus, their messages can be distorted depending on the times and circumstances.

Marc : C'est vrai, l'interprétation joue un rôle énorme. Mais au final, je pense que la figure de Jésus, en tant que modèle de paix et de non-violence, reste plus alignée avec les idéaux modernes de droits humains et de coexistence pacifique que celle de Mahomet, qui a souvent justifié la violence pour défendre ses croyances.

Marc: That's true, interpretation plays a huge role. But in the end, I think that the figure of Jesus, as a model of peace and non-violence, is more aligned with modern ideals of human rights and peaceful coexistence than that of Muhammad, who often justified violence to defend his beliefs.

Camille : Je comprends ton point de vue, mais je crois que l'histoire des religions ne peut pas se résumer à leurs fondateurs. L'islam, tout comme le christianisme, peut être une force de paix et de justice dans le monde moderne, à condition que ses croyants se concentrent sur les valeurs de compassion, de tolérance et de respect mutuel.

Camille: I understand your point of view, but I believe that the history of religions cannot be reduced to their founders. Islam, like Christianity, can be a force for peace and justice in the modern world, as long as its believers focus on the values of compassion, tolerance, and mutual respect.

Les civilisations antiques en comparaison : Rome, Grèce, Égypte et Sumer

Lucie : Tu penses vraiment que la civilisation romaine était la plus avancée de l'Antiquité ? Moi, je trouve que la Grèce, l'Égypte et même la Mésopotamie, avec Sumer, avaient des contributions tout aussi importantes, voire plus.

Lucie: Do you really think that Roman civilisation was the most advanced of antiquity? I think Greece, Egypt, and even Mesopotamia, with Sumer, made contributions just as important, if not more.

Thomas : Je pense que Rome a marqué le monde de manière plus durable. Ils ont développé un système juridique qui influence encore nos lois aujourd'hui, des infrastructures impressionnantes comme les routes et les aqueducs, et un empire qui s'est étendu sur trois continents. Les Romains ont réussi à centraliser un empire immense, ce que les Grecs n'ont jamais vraiment réussi à faire.

Thomas: I think Rome left a more lasting mark on the world. They developed a legal system that still influences our laws today, impressive infrastructures like roads and aqueducts, and an empire that spanned three continents. The Romans managed to centralise a vast empire, something the Greeks never truly achieved.

Lucie : Oui, mais tout ce que tu décris, les Romains l'ont emprunté à d'autres civilisations, notamment la Grèce. Leur culture, leur philosophie, leur art, tout vient des Grecs. Les Romains étaient peut-être de bons ingénieurs et stratèges, mais en termes de pensée et d'art, la Grèce est incomparable. La démocratie athénienne, les philosophes comme Socrate, Platon, Aristote... Leur impact intellectuel dépasse de loin celui de Rome.

Lucie: Yes, but everything you describe, the Romans borrowed from other civilisations, especially Greece. Their culture, philosophy, and art all come from the Greeks. The Romans may have been good engineers and strategists, but in terms of thought and art, Greece is incomparable. Athenian democracy, philosophers like Socrates, Plato, Aristotle… Their intellectual impact far surpasses that of Rome.

Thomas : C'est vrai que les Grecs ont apporté beaucoup en termes de philosophie et de culture, mais leur modèle politique était limité. La démocratie athénienne, par exemple, était réservée à une petite élite. Rome, malgré ses imperfections, a permis une participation politique plus large, avec son système républicain, et a su intégrer des peuples très divers dans son empire.

Thomas: It's true that the Greeks contributed much in terms of philosophy and culture, but their political model was limited. Athenian democracy, for example, was reserved for a small elite. Rome, despite its flaws, allowed broader political participation with its republican system and managed to integrate diverse peoples into its empire.

Lucie : Mais si on parle d'intégration et de diversité, l'Égypte ancienne a aussi un long passé de coexistence de cultures et d'ethnies. Leur civilisation a duré des milliers d'années, bien plus longtemps que celle de Rome. Les Égyptiens ont créé des monuments colossaux, comme les pyramides, qu'aucune autre civilisation antique n'a égalés en termes de grandeur et de longévité. Et ils ont aussi laissé un héritage scientifique et médical impressionnant.

Lucie: But if we're talking about integration and diversity, ancient Egypt also had a long history of coexistence between cultures and ethnicities. Their civilisation lasted thousands of years, far longer than Rome's. The Egyptians built colossal monuments, like the pyramids, unmatched in scale and longevity by any other ancient civilisation. They also left an impressive scientific and medical legacy.

Thomas : C'est vrai que l'Égypte était impressionnante, mais je pense que leur civilisation était plus statique que celle de Rome ou de la Grèce. Ils avaient une structure rigide, presque immuable pendant des siècles, tandis que Rome et la Grèce ont connu des évolutions politiques, culturelles et technologiques. L'Égypte a excellé dans les arts et les sciences, mais Rome a laissé un héritage plus global et plus adaptable.

Thomas: It's true that Egypt was impressive, but I think their civilisation was more static than that of Rome or Greece. They had a rigid structure that remained almost unchanged for centuries, whereas Rome and Greece experienced political, cultural, and technological evolutions. Egypt excelled in arts and sciences, but Rome left a more global and adaptable legacy.

Lucie : Ce que tu dis est intéressant, mais je crois que la stabilité de l'Égypte montre justement la force de sa civilisation. Leur système, bien que centralisé, a duré plusieurs millénaires sans s'effondrer. Ils ont maîtrisé la gestion des ressources naturelles avec le Nil, développé une architecture sophistiquée et possédaient un savoir-faire médical et astronomique qui a influencé d'autres civilisations.

Lucie: What you're saying is interesting, but I believe Egypt's stability shows the strength of its civilisation. Their system, though centralised, lasted for millennia without collapsing. They mastered the management of natural resources with the Nile, developed sophisticated architecture, and had medical and astronomical knowledge that influenced other civilisations.

Thomas : Et que dire de la Mésopotamie, alors ? Les Sumériens ont inventé l'écriture avec les premières formes de cunéiforme, ce qui a révolutionné l'administration, la comptabilité et la transmission des connaissances. Sans eux, ni les Grecs, ni les Égyptiens, ni les Romains n'auraient pu atteindre un tel degré de sophistication. La Mésopotamie est à l'origine de la civilisation urbaine, du commerce, et des premières lois écrites, comme le Code d'Hammurabi.

Thomas: And what about Mesopotamia, then? The Sumerians invented writing with the first forms of cuneiform, which revolutionised administration, accounting, and the transmission of knowledge. Without them, neither the Greeks, Egyptians, nor Romans could have reached such levels of sophistication. Mesopotamia is the birthplace of urban civilisation, trade, and the first written laws, like the Code of Hammurabi.

Lucie : Absolument, la Mésopotamie, et surtout Sumer, est souvent sous-estimée. Ils ont été les premiers à construire des villes avec des structures sociales complexes, à inventer la roue, et à développer une agriculture irriguée. Leur influence sur les civilisations suivantes est indéniable. C'est la base sur laquelle les autres civilisations ont construit.

Lucie: Absolutely, Mesopotamia, especially Sumer, is often underestimated. They were the first to build cities with complex social structures, invent the wheel, and develop irrigated agriculture. Their influence on later civilisations is undeniable. It's the foundation upon which other civilisations were built.

Thomas : Mais justement, malgré toutes ces avancées, les Sumériens et les autres peuples mésopotamiens n'ont pas eu la même influence durable que les Romains ou les Grecs. Leur civilisation s'est fragmentée et a été envahie à plusieurs reprises. Leurs idées et leurs inventions ont certes influencé les autres, mais ils n'ont pas eu l'impact culturel global qu'ont eu Rome ou la Grèce.

Thomas: But exactly, despite all these advances, the Sumerians and other Mesopotamian peoples didn't have the same lasting influence as the Romans or Greeks. Their civilisation fragmented and was invaded multiple times. Their ideas and inventions did influence others, but they didn't have the global cultural impact that Rome or Greece did.

Lucie : Je ne suis pas d'accord. Ce n'est pas parce qu'une civilisation n'a pas conquis militairement de vastes territoires qu'elle est moins influente. La Mésopotamie a jeté les bases de l'écriture, de la législation et des sciences qui ont été reprises par d'autres civilisations. Sans ces contributions, ni la Grèce ni Rome n'auraient pu s'élever à un tel niveau.

Lucie: I disagree. Just because a civilisation didn't conquer vast territories militarily doesn't mean it's less influential. Mesopotamia laid the foundation for writing, legislation, and sciences, which were adopted by other civilisations. Without those contributions, neither Greece nor Rome could have risen to such heights.

Thomas : C'est vrai, mais Rome a quand même réussi à unifier des peuples très divers sous un même système, avec une organisation et des infrastructures qui ont permis la paix et la prospérité pendant plusieurs siècles. Leur influence politique et juridique est encore visible aujourd'hui dans nos systèmes de gouvernement et nos codes législatifs. Même si la Mésopotamie a inventé l'écriture, ce sont les Romains qui ont développé un droit universel.

Thomas: That's true, but Rome still managed to unite very diverse peoples under a single system, with organisation and infrastructure that allowed peace and prosperity for several centuries. Their political and legal influence is still visible today in our systems of government and legal codes. Even though Mesopotamia invented writing, it was the Romans who developed universal law.

Lucie : Mais si on parle d'influence à long terme, les contributions grecques dans la philosophie, les mathématiques, et même la démocratie sont tout aussi importantes. Les concepts d'Aristote, de Platon ou d'Euclide sont encore étudiés aujourd'hui. La Grèce a été une véritable école de la pensée humaine. Même la Renaissance européenne s'est nourrie des idées grecques pour faire progresser la science et la philosophie.

Lucie: But if we're talking about long-term influence, the Greek contributions in philosophy, mathematics, and even democracy are just as important. Concepts from Aristotle, Plato, or Euclid are still studied today. Greece was a true school of human thought. Even the European Renaissance was fuelled by Greek ideas to advance science and philosophy.

Thomas : C'est vrai que les Grecs ont laissé un héritage intellectuel immense, mais en termes d'organisation politique et militaire, ils n'ont jamais réussi à atteindre l'échelle de Rome. Alexandre le Grand a conquis un vaste empire, mais il s'est effondré après sa mort. Rome, au contraire, a su maintenir son empire pendant plusieurs siècles, en imposant une organisation qui a façonné le monde méditerranéen.

Thomas: It's true that the Greeks left an immense intellectual legacy, but in terms of political and military organisation, they never reached the scale of Rome. Alexander the Great conquered a vast empire, but it collapsed after his death. Rome, on the other hand, maintained its empire for several centuries, imposing an organisation that shaped the Mediterranean world.

Lucie : Et pourtant, l'empire romain s'est aussi effondré. Et l'un des facteurs de cet effondrement, c'est justement l'immensité de cet empire, devenu ingérable. L'Égypte, elle, a duré bien plus longtemps et de manière plus stable. Ils ont créé un système religieux, politique et culturel qui a survécu à plusieurs invasions, y compris celle des Romains.

Lucie: And yet, the Roman Empire also collapsed. And one of the factors in that collapse was precisely the vastness of the empire, which became unmanageable. Egypt, on the other hand, lasted much longer and in a more stable way. They created a religious, political, and cultural system that survived several invasions, including the Roman one.

Thomas : C'est vrai, mais la grandeur d'une civilisation ne se mesure pas seulement à sa durée. Il s'agit aussi de son influence. Rome a influencé non seulement l'Europe, mais aussi l'Afrique du Nord et le Moyen-Orient. L'Égypte, malgré sa longévité, est restée centrée sur la vallée du Nil. Leur influence était plus locale, tandis que celle de Rome était vraiment globale.

Thomas: That's true, but the greatness of a civilisation isn't measured only by its duration. It's also about its influence. Rome influenced not only Europe but also North Africa and the Middle East. Egypt, despite its longevity, remained centred around the Nile Valley. Their influence was more local, whereas Rome's was truly global.

Lucie : Je crois que chaque civilisation a eu son moment de gloire et ses contributions uniques. La Grèce a donné naissance à la philosophie et à la démocratie, Rome à l'ingénierie et au droit, l'Égypte à l'architecture monumentale et aux sciences, et Sumer à l'écriture et aux premières structures sociales complexes. Comparer ces civilisations, c'est aussi reconnaître que chacune a façonné le monde à sa manière.

Lucie: I believe that each civilisation had its moment of glory and unique contributions. Greece gave birth to philosophy and democracy, Rome to engineering and law, Egypt to monumental architecture and sciences, and Sumer to writing and the first complex social structures. Comparing these civilisations is also about recognising that each shaped the world in its own way.

Thomas : C'est vrai, et c'est ce qui rend ce débat passionnant. Plutôt que de dire qu'une civilisation était supérieure aux autres, on peut peut-être conclure que c'est leur interaction et leur héritage commun qui ont permis à l'humanité de progresser.

Thomas: That's true, and it's what makes this debate so fascinating. Instead of saying one civilisation was superior to the others, perhaps we can conclude that it's their interaction and shared legacy that allowed humanity to progress.

Brexit et liberté vs. adhésion à l'UE : Un débat sur la souveraineté et l'avenir européen

Alice : Tu penses vraiment que le Brexit a été une bonne chose ? Beaucoup de gens qui ont voté pour quitter l'UE parlaient de "liberté", mais je crois que le Royaume-Uni a perdu plus qu'il n'a gagné.

Alice: Do you really think Brexit was a good thing? Many people who voted to leave the EU talked about "freedom", but I think the UK has lost more than it has gained.

Marc : Absolument, je pense que le Brexit était nécessaire. Le Royaume-Uni doit pouvoir reprendre le contrôle de ses lois, de ses frontières et de son économie sans être soumis aux décisions de Bruxelles. Pendant trop longtemps, l'UE a dicté ses règles et imposé sa bureaucratie inefficace. Maintenant, le Royaume-Uni est libre de décider de son propre destin.

Marc: Absolutely, I think Brexit was necessary. The UK needs to take back control of its laws, borders, and economy without being subject to Brussels' decisions. For too long, the EU dictated the rules and imposed inefficient bureaucracy. Now, the UK is free to decide its own destiny.

Alice : Mais à quel prix ? Depuis le Brexit, l'économie britannique a beaucoup souffert. Le commerce avec l'UE est devenu plus compliqué, et de nombreuses entreprises ont quitté le pays. Les avantages du marché unique ont disparu. Au final, la "liberté" que tu mentionnes semble coûter cher, non seulement en termes économiques, mais aussi en termes d'influence politique.

Alice: But at what cost? Since Brexit, the UK economy has suffered greatly. Trade with the EU has become more complicated, and many businesses have left the country. The benefits of the single market have disappeared. In the end, the "freedom" you mention seems costly, not only economically but also in terms of political influence.

Marc : C'est vrai que la transition a été difficile, mais c'est normal pour un changement aussi radical. Il faut du temps pour ajuster les relations commerciales et reconstruire des accords bilatéraux. À long terme, le Royaume-Uni pourra nouer des accords avec des pays en dehors de l'UE, comme les États-Unis ou l'Australie, sans avoir à suivre les règles strictes de l'UE. Et en ce qui concerne l'influence politique, le Royaume-Uni reste une puissance mondiale avec un siège au Conseil de sécurité de l'ONU.

Marc: It's true that the transition has been difficult, but that's normal for such a radical change. It takes time to adjust trade relations and rebuild bilateral agreements. In the long term, the UK will be able to make deals with countries outside the EU, like the US or Australia, without having to follow the strict rules of the EU. And as for political influence, the UK remains a global power with a seat on the UN Security Council.

Alice : Peut-être, mais tu ne penses pas que la perte d'accès au marché unique est un gros handicap ? Le Royaume-Uni dépendait fortement de ses échanges commerciaux avec l'UE. Maintenant, ces échanges sont soumis à des taxes, des contrôles douaniers et des réglementations supplémentaires. Ça ne semble pas être un avantage, surtout pour les petites et moyennes entreprises.

Alice: Maybe, but don't you think losing access to the single market is a big disadvantage? The UK relied heavily on trade with the EU. Now, those trades are subject to taxes, customs checks, and additional regulations. That doesn't seem like an advantage, especially for small and medium-sized businesses.

Marc : C'est vrai que certaines entreprises ont souffert de la perte d'accès au marché unique, mais d'autres ont vu de nouvelles opportunités à l'extérieur de l'UE. Le Brexit permet au Royaume-Uni de diversifier ses partenaires commerciaux et de se tourner vers les économies en croissance d'Asie ou d'Amérique latine. L'UE n'est pas la seule option.

Marc: It's true that some businesses have suffered from the loss of access to the single market, but others have seen new opportunities outside the EU. Brexit allows the UK to diversify its trade partners and turn towards growing economies in Asia or Latin America. The EU isn't the only option.

Alice : Peut-être, mais l'UE reste le plus grand marché unique du monde. S'en éloigner, c'est renoncer à un énorme avantage. Et puis, ce n'est pas seulement une question d'économie. L'adhésion à l'UE a apporté de nombreux autres avantages, comme la liberté de mouvement. Des millions de Britanniques pouvaient vivre, travailler et étudier dans n'importe quel pays européen. Maintenant, cette liberté est perdue, et je ne pense pas que ce soit un progrès.

Alice: Maybe, but the EU is still the largest single market in the world. Distancing from it means giving up a huge advantage. And it's not just about the economy. Membership in the EU brought many other benefits, like freedom of movement. Millions of Britons could live, work, and study in any European country. Now, that freedom is lost, and I don't think that's progress.

Marc : Oui, la liberté de mouvement était un avantage, mais elle posait aussi des problèmes. L'immigration massive venue de l'UE a exercé une pression sur les services publics, le logement et l'emploi. Maintenant que le Royaume-Uni contrôle ses frontières, il peut gérer l'immigration en fonction de ses besoins. Et puis, les jeunes pourront toujours voyager et travailler à l'étranger, mais dans des conditions mieux régulées.

Marc: Yes, freedom of movement was an advantage, but it also caused problems. Massive immigration from the EU put pressure on public services, housing, and jobs. Now that the UK controls its borders, it can manage immigration based on its needs. And young people can still travel and work abroad, but in better-regulated conditions.

Alice : C'est vrai que l'immigration est un sujet sensible, mais le problème n'est-il pas plus large que ça ? En quittant l'UE, le Royaume-Uni a perdu une partie de son influence sur les décisions européennes. L'Europe est un acteur clé sur la scène internationale, et le Royaume-Uni, en étant à l'extérieur, risque d'être marginalisé dans les grands débats mondiaux.

Alice: It's true that immigration is a sensitive issue, but isn't the problem bigger than that? By leaving the EU, the UK has lost some of its influence on European decisions. Europe is a key player on the international stage, and the UK, by being outside, risks being sidelined in major global discussions.

Marc : Je ne suis pas d'accord. Le Royaume-Uni a toujours été un acteur majeur, avec ou sans l'UE. Il a des relations bilatérales fortes avec les États-Unis, le Commonwealth, et d'autres grandes puissances. L'UE n'est pas la seule plateforme pour exercer une influence. En étant indépendant, le Royaume-Uni peut choisir ses alliances et ses partenariats sans être contraint par la politique commune européenne.

Marc: I disagree. The UK has always been a major player, with or without the EU. It has strong bilateral relations with the US, the Commonwealth, and other great powers. The EU isn't the only platform for influence. By being independent, the UK can choose its alliances and partnerships without being constrained by EU policies.

Alice : Peut-être, mais l'UE a montré qu'elle est capable de peser dans des dossiers cruciaux comme le changement climatique, la régulation des grandes entreprises technologiques ou encore la gestion de crises comme le Covid-19. Sans le soutien de l'UE, le Royaume-Uni risque de se retrouver isolé face à ces défis globaux. Et puis, les jeunes générations sont massivement pro-européennes. Le Brexit les prive de cette identité européenne.

Alice: Maybe, but the EU has shown it can play a crucial role in issues like climate change, regulating big tech companies, or managing crises like Covid-19. Without the support of the EU, the UK risks being isolated in facing these global challenges. And besides, younger generations are overwhelmingly pro-European. Brexit deprives them of that European identity.

Marc : C'est vrai que le Brexit a divisé les générations, mais il fallait faire un choix. L'UE est devenue un mastodonte bureaucratique qui empêche les États de décider eux-mêmes de leur avenir. Le Brexit permet au Royaume-Uni de reprendre cette souveraineté. Ce n'est pas une question de renoncer à l'Europe, mais plutôt de redéfinir la relation avec elle. Le Royaume-Uni restera toujours un voisin proche, mais sans avoir à subir les directives de Bruxelles.

Marc: It's true that Brexit has divided the generations, but a choice had to be made. The EU had become a bureaucratic giant that prevents states from deciding their own future. Brexit allows the UK to regain that sovereignty. It's not about giving up on Europe, but rather redefining the relationship with it. The UK will always be a close neighbour, but without having to follow Brussels' directives.

Alice : Mais cette "souveraineté" n'est-elle pas un peu illusoire ? Dans un monde globalisé, aucun pays n'est complètement indépendant. Le Royaume-Uni devra toujours se plier aux règles internationales, et même aux règles européennes s'il veut continuer à commercer avec l'UE. Quitter l'UE ne signifie pas une liberté totale, ça signifie juste être en dehors du processus décisionnel.

Alice: But isn't this "sovereignty" a bit illusory? In a globalised world, no country is completely independent. The UK will always have to follow international rules, and even European ones if it wants to continue trading with the EU. Leaving the EU doesn't mean total freedom; it just means being outside the decision-making process.

Marc : Je suis d'accord qu'on ne peut jamais être complètement indépendant dans un monde interconnecté. Mais au moins, le Royaume-Uni peut maintenant décider quelles règles suivre et avec qui négocier. C'est une question de choix, pas d'isolement. Le Brexit permet une flexibilité que l'adhésion à l'UE ne permettait pas.

Marc: I agree that you can never be completely independent in an interconnected world. But at least now the UK can decide which rules to follow and with whom to negotiate. It's a matter of choice, not isolation. Brexit allows for a flexibility that EU membership didn't.

Alice : On verra si cette "flexibilité" portera ses fruits à long terme. Pour l'instant, les effets économiques sont plutôt négatifs, et les divisions internes au Royaume-Uni se sont accentuées, notamment avec l'Écosse qui veut à nouveau discuter de son indépendance. Le Brexit a peut-être rendu le Royaume-Uni plus fragile.

Alice: We'll see if this "flexibility" pays off in the long term. For now, the economic effects are rather negative, and internal divisions in the UK have deepened, especially with Scotland wanting to discuss independence again. Brexit may have made the UK more fragile.

Marc : C'est un défi, je l'admets, mais c'est aussi une opportunité de repenser le Royaume-Uni et son rôle dans le monde. Le pays peut se reconstruire sur ses propres bases et redéfinir ses priorités. La période d'adaptation est difficile, mais les bénéfices se feront sentir à long terme.

Marc: It's a challenge, I admit, but it's also an opportunity to rethink the UK and its role in the world. The country can rebuild on its own foundations and redefine its priorities. The adjustment period is tough, but the benefits will be felt in the long term.

Alice : J'espère que tu as raison, mais je reste sceptique. Le Brexit a isolé le Royaume-Uni sur la scène internationale et a créé des divisions profondes dans la société. L'UE n'était pas parfaite, mais elle apportait une stabilité et des opportunités que le Brexit risque de compromettre.

Alice: I hope you're right, but I remain sceptical. Brexit has isolated the UK on the international stage and created deep divisions within society. The EU wasn't perfect, but it brought stability and opportunities that Brexit risks undermining.

2500 ans de persécution juive et antisémitisme moderne : Un débat sur les causes historiques et les réalités actuelles

Claire : Tu penses vraiment qu'on parle suffisamment des persécutions contre les Juifs ? J'ai l'impression que, malgré tout ce qu'ils ont traversé, l'antisémitisme reste très présent, et souvent minimisé dans le débat public.

Claire: Do you really think there's enough talk about the persecution of Jews? I feel that despite everything they've been through, antisemitism remains very present, and is often downplayed in public debate.

Thomas : Je suis d'accord, l'histoire de la persécution des Juifs est tragique et très longue, mais elle ne semble pas avoir suffi à éradiquer l'antisémitisme. Pendant 2500 ans, ils ont été accusés de tous les maux, de la crucifixion de Jésus aux théories du complot modernes. C'est un problème qui a évolué avec le temps, mais qui persiste de façon alarmante aujourd'hui.

Thomas: I agree, the history of Jewish persecution is tragic and very long, but it doesn't seem to have been enough to eradicate antisemitism. For 2,500 years, they've been blamed for everything, from the crucifixion of Jesus to modern conspiracy theories. It's a problem that has evolved over time, but persists alarmingly today.

Claire : Oui, et ce qui me choque, c'est que même après la Shoah, un des pires crimes de l'histoire, l'antisémitisme n'a pas disparu. On aurait pu croire que l'horreur de l'Holocauste aurait sensibilisé le monde entier à ce problème, mais on voit encore des attaques, des discours de haine et des théories complotistes qui visent les Juifs.

Claire: Yes, and what shocks me is that even after the Shoah, one of the worst crimes in history, antisemitism hasn't disappeared. You'd think the horror of the Holocaust would have made the world more aware of this problem, but we still see attacks, hate speech, and conspiracy theories targeting Jews.

Thomas : C'est vrai, et l'antisémitisme prend souvent des formes subtiles ou détournées aujourd'hui. On l'associe parfois à des critiques d'Israël, mais il ne s'agit pas toujours de simples désaccords politiques. Certains utilisent la question israélo-palestinienne comme prétexte pour exprimer leur haine envers les Juifs en général.

Thomas: That's true, and antisemitism often takes subtle or indirect forms today. Sometimes it's linked to criticism of Israel, but it's not always about political disagreements. Some use the Israeli-Palestinian issue as a pretext to express their hatred of Jews in general.

Claire : Exactement. Critiquer la politique d'Israël, c'est légitime, mais il y a une ligne rouge à ne pas franchir. Beaucoup de gens glissent vers un antisémitisme déguisé, en utilisant le conflit au Moyen-Orient pour légitimer des préjugés ou des stéréotypes contre les Juifs. Et souvent, ces discours se propagent sans être dénoncés.

Claire: Exactly. Criticising Israeli policy is legitimate, but there's a red line not to cross. Many people slip into disguised antisemitism, using the Middle East conflict to justify prejudices or stereotypes against Jews. And often, these views spread without being called out.

Thomas : Oui, et c'est un schéma qui s'est répété à travers l'histoire. Les Juifs ont été persécutés pendant des siècles, parfois au nom de la religion, parfois pour des raisons économiques ou politiques. Dans l'Antiquité, ils ont été exilés, notamment à Babylone. Ensuite, il y a eu les pogroms en Europe de l'Est, l'Inquisition en Espagne, et bien sûr, l'Holocauste au XXe siècle. Pourtant, même après tant de souffrances, les stéréotypes perdurent.

Thomas: Yes, and it's a pattern that has repeated throughout history. Jews have been persecuted for centuries, sometimes in the name of religion, other times for economic or political reasons. In antiquity, they were exiled, notably to Babylon. Then there were pogroms in Eastern Europe, the Spanish Inquisition, and of course, the Holocaust in the 20th century. Yet even after all that suffering, the stereotypes persist.

Claire : C'est comme si les Juifs étaient toujours un bouc émissaire, peu importe l'époque. Chaque fois qu'il y a une crise économique, politique ou sociale, ils sont pointés du doigt. Au Moyen Âge, on les accusait de comploter contre les chrétiens, de pratiquer l'usure ou même d'empoisonner les puits. Et aujourd'hui, on les accuse de contrôler les médias, la finance, ou encore la politique mondiale. Rien n'a vraiment changé.

Claire: It's as if Jews have always been a scapegoat, no matter the era. Every time there's an economic, political, or social crisis, they're blamed. In the Middle Ages, they were accused of conspiring against Christians, practising usury, or even poisoning wells. And today, they're accused of controlling the media, finance, or even global politics. Nothing has really changed.

Thomas : Oui, c'est fou de voir à quel point les mêmes accusations reviennent encore et encore. Et ce qui est encore plus inquiétant, c'est que ces théories du complot sont de plus en plus répandues sur Internet. Avec les réseaux sociaux, des idées antisémites qui étaient autrefois marginales se répandent rapidement et atteignent un public beaucoup plus large.

Thomas: Yes, it's crazy to see how the same accusations keep coming back over and over. And what's even more worrying is that these conspiracy theories are becoming more widespread online. With social media, antisemitic ideas that were once marginal are spreading quickly and reaching a much larger audience.

Claire : Les réseaux sociaux ont effectivement aggravé le problème. Les discours antisémites trouvent un écho dans des communautés en ligne où les gens se confortent dans leurs préjugés. Et souvent, cela se traduit par des actes violents dans la réalité, comme les attentats contre des synagogues ou les agressions de Juifs dans la rue.

Claire: Social media has indeed worsened the problem. Antisemitic rhetoric resonates in online communities where people reinforce their prejudices. And often, this translates into violent acts in real life, like attacks on synagogues or assaults on Jews in the streets.

Thomas : C'est vrai, et ce n'est pas seulement un problème dans certains pays. L'antisémitisme existe partout, même dans des pays où il n'y a qu'une petite communauté juive. En France, en Allemagne, aux États-Unis... On a vu une montée des attaques contre les Juifs ces dernières années. On a l'impression que l'antisémitisme se banalise à nouveau, comme si les leçons du passé avaient été oubliées.

Thomas: That's true, and it's not just a problem in certain countries. Antisemitism exists everywhere, even in countries with only small Jewish communities. In France, Germany, the US... We've seen a rise in attacks against Jews in recent years. It feels like antisemitism is being normalised again, as if the lessons of the past have been forgotten.

Claire : Oui, et ça pose une question importante : comment lutter contre cet antisémitisme moderne ? Les lois contre les discours de haine existent, mais elles ne suffisent pas toujours. Il y a aussi un travail d'éducation à faire pour déconstruire ces stéréotypes et rappeler l'histoire des persécutions juives. Mais parfois, j'ai l'impression que la mémoire de l'Holocauste s'efface, surtout chez les jeunes générations.

Claire: Yes, and that raises an important question: how do we combat this modern antisemitism? There are hate speech laws, but they're not always enough. There's also an educational effort needed to deconstruct these stereotypes and remind people of the history of Jewish persecution. But sometimes, I feel like the memory of the Holocaust is fading, especially among younger generations.

Thomas : Je suis d'accord, l'éducation est essentielle. On doit continuer à enseigner l'histoire des persécutions, et surtout, expliquer comment ces stéréotypes se sont construits et pourquoi ils sont encore présents aujourd'hui. Beaucoup de gens ignorent l'ampleur de l'antisémitisme historique, ou pensent que c'est un problème du passé. Mais comme tu l'as dit, il est toujours bien vivant.

Thomas: I agree, education is essential. We need to keep teaching the history of persecution and, more importantly, explain how these stereotypes were constructed and why they still exist today. Many people don't realise the scale of historical antisemitism or think it's a problem of the past. But as you said, it's still very much alive.

Claire : Et ce n'est pas seulement une question de mémoire historique. L'antisémitisme se nourrit aussi de l'ignorance et de la peur de l'autre. Beaucoup de gens n'ont jamais rencontré un Juif de leur vie, et pourtant, ils ont des idées préconçues sur eux. Il faut créer des espaces de dialogue, encourager les échanges, pour briser ces préjugés.

Claire: And it's not just about historical memory. Antisemitism also feeds on ignorance and fear of the other. Many people have never met a Jew in their life, yet they have preconceived ideas about them. We need to create spaces for dialogue, encourage exchanges, to break these prejudices.

Thomas : Oui, et il faut aussi que les gouvernements prennent leurs responsabilités. Ils doivent être plus fermes dans la lutte contre l'antisémitisme, qu'il vienne de l'extrême droite, de l'extrême gauche ou de certains milieux islamistes. Trop souvent, on minimise le problème ou on hésite à le dénoncer de peur de créer des tensions politiques. Mais l'antisémitisme, sous toutes ses formes, doit être combattu avec la même fermeté.

Thomas: Yes, and governments also need to take responsibility. They must be firmer in fighting antisemitism, whether it comes from the far right, the far left, or certain Islamist circles. Too often, the problem is minimised, or people hesitate to denounce it for fear of creating political tensions. But antisemitism, in all its forms, must be fought with the same firmness.

Claire : Absolument, et il est important de rappeler que l'antisémitisme n'est pas seulement un problème des Juifs, c'est un problème de société. Quand une communauté est attaquée, c'est toute la société qui est menacée. L'histoire nous a montré que les persécutions commencent souvent par les Juifs, mais qu'elles finissent par toucher tout le monde.

Claire: Absolutely, and it's important to remember that antisemitism isn't just a problem for Jews, it's a problem for society. When one community is attacked, the whole society is threatened. History has shown us that persecution often starts with the Jews but eventually affects everyone.

Thomas : C'est une réflexion essentielle. Lutter contre l'antisémitisme, c'est protéger les valeurs fondamentales de tolérance, de respect et de démocratie. Si on laisse l'antisémitisme se propager, on ouvre la porte à toutes les formes de haine et de discrimination.

Thomas: That's a crucial point. Fighting antisemitism is about protecting fundamental values of tolerance, respect, and democracy. If we let antisemitism spread, we open the door to all forms of hatred and discrimination.

Claire : Exactement. Il faut que chacun prenne conscience de ce danger et agisse pour le contrer, que ce soit à travers l'éducation, la législation ou simplement en dénonçant les discours haineux quand on les entend. Ce n'est qu'en restant vigilants qu'on pourra éviter que l'histoire ne se répète.

Claire: Exactly. Everyone needs to be aware of this danger and act to counter it, whether through education, legislation, or simply by calling out hate speech when they hear it. Only by staying vigilant can we prevent history from repeating itself.

Internationalisme vs. souveraineté nationale : Un débat sur l'avenir des nations et la coopération mondiale

Sophie : Tu penses vraiment que l'internationalisme est la solution pour les problèmes du monde moderne ? J'ai l'impression que la souveraineté nationale est plus importante que jamais pour préserver l'identité et les intérêts de chaque pays.

Sophie: Do you really think internationalism is the solution to the problems of the modern world? I feel that national sovereignty is more important than ever to preserve the identity and interests of each country.

Alexandre : Oui, je pense que l'internationalisme est essentiel aujourd'hui. Face à des problèmes globaux comme le changement climatique, les pandémies ou encore la régulation des multinationales, aucune nation ne peut agir seule. La coopération internationale est la clé pour résoudre ces défis, et la souveraineté nationale ne doit pas être un frein.

Alexandre: Yes, I think internationalism is essential today. In the face of global problems like climate change, pandemics, or regulating multinationals, no nation can act alone. International cooperation is key to solving these challenges, and national sovereignty shouldn't be an obstacle.

Sophie : Je comprends, mais le problème avec l'internationalisme, c'est qu'il dilue la souveraineté des États. Les décisions se prennent de plus en plus à des niveaux supranationaux, comme l'ONU ou l'UE, et les citoyens se sentent déconnectés de ces institutions. Cela crée un fossé entre les élites internationales et les peuples, qui veulent conserver le contrôle sur leur propre destin.

Sophie: I understand, but the problem with internationalism is that it dilutes the sovereignty of states. Decisions are increasingly made at supranational levels, like the UN or the EU, and citizens feel disconnected from these institutions. This creates a gap between international elites and the people, who want to retain control over their own destiny.

Alexandre : Je ne pense pas que l'internationalisme doive nécessairement exclure la démocratie. Les organisations internationales sont là pour coordonner les efforts des États, pas pour imposer des décisions. Si on veut vraiment affronter les crises mondiales, on doit accepter de déléguer certains pouvoirs à des institutions capables de gérer des enjeux transnationaux. Le nationalisme exacerbé ne fait que renforcer les divisions.

Alexandre: I don't think internationalism has to exclude democracy. International organisations are there to coordinate the efforts of states, not to impose decisions. If we truly want to tackle global crises, we must accept delegating some powers to institutions capable of managing transnational issues. Extreme nationalism only serves to deepen divisions.

Sophie : Mais c'est justement ça le problème. En déléguant des pouvoirs à des institutions internationales, on perd le contrôle. Les décisions qui affectent directement nos vies sont prises par des bureaucrates à Bruxelles ou à New York, loin des préoccupations locales. Les gouvernements nationaux deviennent de simples exécutants, et cela menace la démocratie.

Sophie: But that's exactly the problem. By delegating powers to international institutions, we lose control. Decisions that directly affect our lives are made by bureaucrats in Brussels or New York, far from local concerns. National governments become mere executors, and this threatens democracy.

Alexandre : Je comprends cette inquiétude, mais il faut reconnaître que certains enjeux dépassent largement les frontières nationales. Prenons l'exemple du changement climatique. Un pays, même s'il adopte une politique environnementale exemplaire, ne peut pas lutter seul contre le réchauffement planétaire. C'est une crise qui demande une réponse collective et coordonnée. Si chaque pays agit dans son coin, on n'arrivera à rien.

Alexandre: I understand this concern, but we must acknowledge that some issues go far beyond national borders. Take climate change, for example. One country, even if it adopts exemplary environmental policies, cannot fight global warming alone. It's a crisis that requires a collective, coordinated response. If every country acts in isolation, we'll achieve nothing.

Sophie : C'est vrai, mais je crois que la solution est de renforcer la coopération entre États souverains, plutôt que de tout déléguer à des institutions supranationales. Chaque pays doit pouvoir garder son autonomie tout en collaborant avec les autres sur des objectifs communs. Cela permettrait de préserver la diversité des cultures et des systèmes politiques, tout en affrontant les défis mondiaux.

Sophie: That's true, but I think the solution is to strengthen cooperation between sovereign states rather than delegate everything to supranational institutions. Each country should be able to maintain its autonomy while working with others on common goals. This would preserve the diversity of cultures and political systems while addressing global challenges.

Alexandre : Mais est-ce que cette coopération entre États souverains est vraiment possible sans institutions fortes pour la structurer ? L'histoire a montré que, sans cadres internationaux solides, les accords entre nations sont souvent faibles et difficiles à appliquer. Les organisations internationales ne sont pas parfaites, mais elles fournissent une structure pour garantir la mise en œuvre des accords globaux.

Alexandre: But is this cooperation between sovereign states really possible without strong institutions to structure it? History has shown that without solid international frameworks, agreements between nations are often weak and difficult to enforce.

International organisations aren't perfect, but they provide a structure to ensure the implementation of global agreements.

Sophie : Peut-être, mais il ne faut pas que ces institutions deviennent trop puissantes. Le problème, c'est qu'on voit déjà une centralisation excessive des pouvoirs au niveau international, avec des entités comme l'UE qui imposent des règles sans consultation directe des citoyens. Cela conduit à une montée du populisme et du rejet de l'internationalisme. Les gens veulent reprendre le contrôle de leur propre pays, et je comprends ça.

Sophie: Maybe, but these institutions shouldn't become too powerful. The problem is that we're already seeing excessive centralisation of power at the international level, with entities like the EU imposing rules without direct consultation of citizens. This leads to a rise in populism and rejection of internationalism. People want to take back control of their own country, and I understand that.

Alexandre : C'est vrai que la montée du populisme est un phénomène qu'on voit dans de nombreux pays, mais je pense que c'est justement parce qu'il y a un manque de pédagogie sur les avantages de l'internationalisme. Beaucoup de décisions prises à l'échelle internationale sont bénéfiques, mais elles sont mal expliquées ou mal comprises. Au lieu de renforcer les divisions, on devrait mieux intégrer les citoyens dans ces processus décisionnels.

Alexandre: It's true that the rise of populism is a phenomenon we see in many countries, but I think it's precisely because there's a lack of education about the benefits of internationalism. Many decisions made at the international level are beneficial, but they're poorly explained or misunderstood. Instead of deepening divisions, we should better integrate citizens into these decision-making processes.

Sophie : Peut-être, mais il y a aussi des cas où les décisions internationales ne respectent pas les spécificités locales. Par exemple, certaines politiques économiques imposées par le FMI ou l'UE ont eu des effets désastreux sur des pays qui n'étaient pas prêts à les appliquer. Cela montre bien que la souveraineté nationale doit être respectée, car chaque pays a ses propres réalités et besoins.

Sophie: Maybe, but there are also cases where international decisions don't respect local specifics. For example, some economic policies imposed by the IMF or the EU have had disastrous effects on countries that weren't ready to implement them. This clearly shows that national sovereignty must be respected because each country has its own realities and needs.

Alexandre : Je suis d'accord qu'il faut respecter les spécificités locales, mais il faut aussi voir les bénéfices de l'internationalisme. Prenons la régulation des grandes entreprises, par exemple. Les multinationales échappent souvent aux régulations nationales en transférant leurs bénéfices d'un pays à l'autre. Une approche purement nationale est inefficace contre ces géants. C'est pourquoi on a besoin de régulations internationales pour créer des règles du jeu équitables.

Alexandre: I agree that local specifics must be respected, but we also need to see the benefits of internationalism. Take the regulation of large companies, for example. Multinationals often evade national regulations by transferring their profits from one country to another. A purely national approach is ineffective against these giants. That's why we need international regulations to create a level playing field.

Sophie : C'est un bon point, mais cela ne justifie pas de tout centraliser au niveau mondial. Chaque pays doit pouvoir définir ses propres priorités économiques et sociales. L'internationalisme ne doit pas se transformer en une forme de gouvernance globale où les États perdent leur autonomie. La souveraineté nationale est essentielle pour que les peuples puissent continuer à se gouverner selon leurs propres valeurs et intérêts.

Sophie: That's a good point, but it doesn't justify centralising everything at a global level. Each country should be able to define its own economic and social priorities. Internationalism shouldn't turn into a form of global governance where states lose their autonomy. National sovereignty is essential for people to continue governing themselves according to their own values and interests.

Alexandre : Je ne parle pas de gouvernance globale, mais d'une coopération renforcée dans des domaines où l'action individuelle des États est insuffisante. La souveraineté nationale ne disparaît pas, mais elle doit s'adapter aux réalités du XXIe siècle. Le monde est plus interconnecté que jamais, et les grands défis que nous affrontons – qu'ils soient économiques, écologiques ou sanitaires – ne peuvent être résolus qu'en travaillant ensemble.

Alexandre: I'm not talking about global governance, but about strengthened cooperation in areas where the individual actions of states are insufficient. National sovereignty isn't disappearing, but it needs to adapt to the realities of the 21st century. The world is more interconnected than ever, and the major challenges we face – whether economic, ecological, or health-related – can only be solved by working together.

Sophie : C'est là où nous sommes en désaccord. Je pense que la souveraineté nationale est encore la meilleure protection pour les citoyens. C'est le cadre dans lequel la démocratie fonctionne le mieux. Dès qu'on dilue ce pouvoir au niveau international, on crée un fossé entre les décisions et les préoccupations réelles des citoyens. L'internationalisme peut vite devenir une forme de bureaucratie technocratique éloignée des réalités locales.

Sophie: That's where we disagree. I think national sovereignty is still the best protection for citizens. It's the framework where democracy works best. As soon as this power is diluted at the international level, we create a gap between decisions and the real concerns of citizens. Internationalism can quickly turn into a form of technocratic bureaucracy disconnected from local realities.

Alexandre : Je comprends ta crainte, mais je crois que c'est une question de trouver le bon équilibre. On ne peut pas ignorer que certains problèmes nécessitent une réponse collective, même si cela implique de céder une partie de la souveraineté. Mais cela doit se faire de manière démocratique et transparente, avec l'implication des citoyens dans les décisions internationales. Ce n'est pas une opposition entre souveraineté et internationalisme, mais une complémentarité.

Alexandre: I understand your fear, but I think it's about finding the right balance. We can't ignore that some problems require a collective response, even if it means giving up some sovereignty. But this must be done democratically and transparently, with citizens involved in international decisions. It's not a conflict between sovereignty and internationalism, but rather a complementarity.

Sophie : Je suis d'accord que l'équilibre est important, mais je crains que nous ne soyons déjà allés trop loin dans l'internationalisme. Il faut réaffirmer le rôle central des États-nations et garantir que les décisions qui les concernent soient prises à l'échelle nationale. Les citoyens ont le droit de décider de leur avenir sans que des entités supranationales ne viennent imposer leurs choix.

Sophie: I agree that balance is important, but I fear we've already gone too far with internationalism. We need to reaffirm the central role of nation-states and ensure that decisions affecting them are made at the national level. Citizens have the right to decide their future without supranational entities imposing their choices.

Alexandre : C'est un débat complexe, c'est certain. Mais je reste convaincu que, dans le monde globalisé d'aujourd'hui, l'internationalisme est une nécessité. Cela ne veut pas dire effacer les nations, mais plutôt repenser la souveraineté dans un cadre coopératif, où les États travaillent ensemble pour résoudre des problèmes qui dépassent leurs frontières.

Alexandre: It's certainly a complex debate. But I remain convinced that in today's globalised world, internationalism is a necessity. That doesn't mean erasing nations, but rather rethinking sovereignty within a cooperative framework, where states work together to solve problems that transcend their borders.

Chiens et chats sauvages : Un débat sur l'impact des animaux errants et leur gestion

Lucie : Tu penses vraiment qu'il faut capturer ou même éliminer les chiens et chats errants ? Ça me paraît cruel. Ces animaux n'ont pas choisi de vivre dans la rue, et ce n'est pas leur faute s'ils se retrouvent abandonnés.

Lucie: Do you really think we should capture or even eliminate stray dogs and cats? It seems cruel to me. These animals didn't choose to live on the streets, and it's not their fault if they ended up abandoned.

Marc : Je comprends ton point de vue, mais les chiens et chats errants posent de vrais problèmes, que ce soit en termes de santé publique ou pour l'environnement. Ils peuvent propager des maladies, attaquer les gens, et dans le cas des chats, ils déciment la faune locale, notamment les oiseaux. Il faut bien trouver une solution pour limiter leur nombre.

Marc: I understand your point of view, but stray dogs and cats do pose real problems, whether in terms of public health or the environment. They can spread diseases, attack people, and in the case of cats, they decimate local wildlife, especially birds. We have to find a way to limit their numbers.

Lucie : Mais la solution ne peut pas être de les tuer ou de les capturer systématiquement ! Il existe des méthodes plus humaines, comme la stérilisation et le relâchement. Cela permet de contrôler la population sans faire de mal aux animaux. Beaucoup d'associations travaillent déjà dans ce sens, et ça marche dans certains endroits.

Lucie: But the solution can't be to kill or capture them systematically! There are more humane methods, like sterilisation and release. This helps control the population without harming the animals. Many organisations are already working this way, and it's working in some places.

Marc : La stérilisation est effectivement une option, mais elle prend du temps et demande beaucoup de ressources. Pendant ce temps, les populations de chiens et de chats sauvages continuent d'augmenter. Et même s'ils sont stérilisés, ils restent dans la rue, où ils peuvent être agressifs, se battre entre eux, et poser des problèmes de sécurité pour les habitants.

Marc: Sterilisation is indeed an option, but it takes time and requires a lot of resources. Meanwhile, the populations of stray dogs and cats continue to grow. And even if they are sterilised, they remain on the streets, where they can be aggressive, fight among themselves, and pose safety risks to the residents.

Lucie : Je pense que l'agressivité des animaux errants est souvent exagérée. La plupart du temps, ils sont craintifs et évitent les humains. Ce qu'ils cherchent, c'est de la nourriture et un abri. C'est à nous, en tant que société, de trouver une solution qui ne soit pas violente. On pourrait encourager les adoptions ou créer des refuges pour ces animaux au lieu de les laisser errer ou de les abattre.

Lucie: I think the aggressiveness of stray animals is often exaggerated. Most of the time, they're fearful and avoid humans. What they're looking for is food and shelter. It's up to us, as a society, to find a non-violent solution. We could encourage adoptions or create shelters for these animals instead of letting them roam or putting them down.

Marc : Je suis d'accord que l'adoption et les refuges sont des solutions importantes, mais elles ne suffisent pas à résoudre le problème global. Il y a beaucoup plus d'animaux errants que de familles prêtes à les adopter, et les refuges sont souvent débordés. Dans certaines régions, les autorités locales n'ont pas d'autre choix que de prendre des mesures plus drastiques pour protéger la population.

Marc: I agree that adoption and shelters are important solutions, but they're not enough to solve the overall problem. There are far more stray animals than families willing to adopt them, and shelters are often overwhelmed. In some regions, local authorities have no choice but to take more drastic measures to protect the population.

Lucie : Je comprends que la situation soit compliquée, mais je crois que nous avons une responsabilité morale envers ces animaux. Ce sont souvent des animaux domestiques qui ont été abandonnés ou qui se sont retrouvés à la rue à cause de la négligence humaine. On ne peut pas simplement les traiter comme des nuisances à éliminer. Il faut éduquer les gens sur la responsabilité qu'implique avoir un animal de compagnie, et punir plus sévèrement ceux qui les abandonnent.

Lucie: I understand that the situation is complicated, but I believe we have a moral responsibility towards these animals. They're often domestic animals that have been abandoned or ended up on the streets due to human neglect. We can't just treat them as nuisances to eliminate. We need to educate people about the responsibility of having a pet and punish those who abandon them more severely.

Marc : Tu as raison, l'abandon est un gros problème, et c'est une des principales causes de la prolifération des animaux errants. Mais en attendant que les mentalités changent, on doit bien gérer les populations d'animaux errants qui existent déjà. Dans certaines villes, ces animaux représentent une vraie menace pour la santé publique, que ce soit à cause de la rage, de la leptospirose ou d'autres maladies qu'ils peuvent propager.

Marc: You're right, abandonment is a big problem, and it's one of the main causes of the proliferation of stray animals. But while we wait for attitudes to change, we still have to manage the existing populations of stray animals. In some cities, these animals represent a real public health threat, whether it's from rabies, leptospirosis, or other diseases they can spread.

Lucie : Certes, mais ces maladies peuvent être contrôlées par des campagnes de vaccination, plutôt que par des captures et des euthanasies massives. Des pays comme l'Inde ou la Turquie ont lancé des programmes de stérilisation et de vaccination pour les chiens errants, et cela a permis de réduire la propagation des maladies tout en respectant la vie animale.

Lucie: Certainly, but these diseases can be controlled through vaccination campaigns rather than massive captures and euthanasia. Countries like India or Turkey have launched sterilisation and vaccination programmes for stray dogs, and this has helped reduce the spread of diseases while respecting animal life.

Marc : Oui, mais il faut que ce genre de programmes soit bien financé et mis en place correctement, ce qui n'est pas toujours le cas. Dans beaucoup de pays, il manque les ressources pour mener ces campagnes à grande échelle. De plus, certains chiens errants deviennent vraiment dangereux, surtout en meute. C'est une question de sécurité pour les habitants, en particulier pour les enfants et les personnes âgées.

Marc: Yes, but such programmes need to be well-funded and properly implemented, which isn't always the case. In many countries, there aren't enough resources to carry out these campaigns on a large scale. Additionally, some stray dogs become really dangerous, especially in packs. It's a safety issue for residents, particularly for children and the elderly.

Lucie : Je suis d'accord qu'il faut veiller à la sécurité des gens, mais on pourrait éviter ces situations en investissant dans la prévention. Par exemple, en encourageant la stérilisation des animaux domestiques, on éviterait que des portées non désirées finissent dans la rue. Il faudrait aussi sensibiliser les gens à l'adoption plutôt qu'à l'achat d'animaux de race, ce qui contribuerait à réduire le nombre d'animaux abandonnés.

Lucie: I agree that people's safety needs to be protected, but we could avoid these situations by investing in prevention. For example, by encouraging the sterilisation of domestic pets, we could prevent unwanted litters from ending up on the streets. We should also raise awareness about adoption rather than buying pedigree animals, which would help reduce the number of abandoned pets.

Marc : Oui, la stérilisation des animaux domestiques devrait être plus encouragée, voire obligatoire dans certains cas. Mais même avec ça, on doit faire face aux populations d'animaux qui sont déjà dans la rue. Certains animaux errants sont devenus totalement sauvages et ne peuvent plus être adoptés. Ils forment des meutes, et dans certains cas, ils chassent le bétail ou attaquent des animaux de compagnie.

Marc: Yes, sterilisation of domestic animals should be more encouraged, maybe even mandatory in some cases. But even with that, we still have to deal with the populations of animals that are already on the streets. Some stray animals have become completely wild and can no longer be adopted. They form packs, and in some cases, they hunt livestock or attack pets.

Lucie : C'est vrai, mais il ne faut pas oublier que ces animaux sauvages ne font que suivre leurs instincts de survie. La plupart du temps, s'ils sont bien nourris et soignés, ils ne posent pas de problèmes. On pourrait imaginer des programmes de nourrissage contrôlé et de prise en charge médicale, qui permettraient de garder ces animaux sous contrôle sans avoir à les capturer ou à les éliminer.

Lucie: That's true, but we mustn't forget that these wild animals are just following their survival instincts. Most of the time, if they're well-fed and cared for, they don't cause problems. We could imagine controlled feeding programmes and medical care, which would help keep these animals under control without needing to capture or eliminate them.

Marc : Ça pourrait fonctionner dans certains cas, mais ça demande des ressources considérables et une organisation rigoureuse. Et puis, il y a le problème des chats, qui sont des prédateurs redoutables pour la faune locale. Dans certains écosystèmes, les chats errants ont causé une véritable hécatombe parmi les oiseaux et les petits mammifères. Même s'ils sont stérilisés, ils continuent de chasser et de menacer la biodiversité.

Marc: That might work in some cases, but it requires considerable resources and strict organisation. And then there's the problem of cats, which are formidable predators for local wildlife. In some ecosystems, stray cats have caused a real massacre among birds and small mammals. Even if they're sterilised, they still hunt and threaten biodiversity.

Lucie : C'est vrai que les chats sont des chasseurs, mais ils ne sont pas les seuls responsables du déclin de la faune. Les activités humaines, comme la destruction des habitats et la pollution, sont bien plus destructrices pour la biodiversité. Accuser les chats de tous les maux, c'est passer à côté du problème plus global. On devrait d'abord régler ces questions avant de pointer du doigt les animaux errants.

Lucie: It's true that cats are hunters, but they're not the only ones responsible for the decline in wildlife. Human activities, like habitat destruction and pollution, are far more destructive to biodiversity. Blaming the cats for everything misses the bigger picture. We should address these issues first before pointing the finger at stray animals.

Marc : Je suis d'accord que les humains sont responsables d'une grande partie des dégâts environnementaux, mais ça ne veut pas dire qu'on doit ignorer l'impact des chats sauvages. Si on veut vraiment protéger la biodiversité, il faut prendre en compte tous les facteurs, y compris les espèces introduites ou non-domestiques qui perturbent les écosystèmes locaux.

Marc: I agree that humans are responsible for much of the environmental damage, but that doesn't mean we should ignore the impact of wild cats. If we really want to protect biodiversity, we have to take all factors into account, including introduced or non-domesticated species that disrupt local ecosystems.

Lucie : Je crois qu'il faut trouver un juste milieu. Oui, les chiens et chats errants peuvent poser des problèmes, mais il existe des solutions humaines et efficaces pour gérer ces populations sans recourir à la violence. Ce n'est pas en les traitant comme des nuisibles qu'on réglera la situation. Il faut plutôt travailler à la racine du problème : l'abandon, la surpopulation animale, et la cohabitation avec la nature.

Lucie: I believe we need to find a balance. Yes, stray dogs and cats can cause problems, but there are humane and effective solutions to manage these populations without resorting to violence. Treating them as pests won't solve the issue. We need to tackle the root of the problem: abandonment, animal overpopulation, and cohabitation with nature.

Marc : Je suis d'accord qu'il faut trouver des solutions durables et humaines, mais il ne faut pas non plus minimiser les enjeux de santé publique et de biodiversité. Les programmes de stérilisation et de vaccination sont importants, mais parfois, des mesures plus fermes peuvent être nécessaires pour garantir la sécurité des habitants et protéger la faune locale.

Marc: I agree that we need to find sustainable and humane solutions, but we also shouldn't minimise the public health and biodiversity issues. Sterilisation and vaccination programmes are important, but sometimes stronger measures may be necessary to ensure residents' safety and protect local wildlife.

Téléphones et ordinateurs pour les enfants vs. uniquement livres et sport : Un débat sur l'éducation moderne

Sarah : Tu penses vraiment qu'il est bon de laisser les enfants utiliser des téléphones et des ordinateurs dès leur plus jeune âge ? Personnellement, je pense qu'ils devraient se concentrer sur les livres et le sport. La technologie peut attendre.

Sarah: Do you really think it's a good idea to let children use phones and computers from a young age? Personally, I think they should focus on books and sports. Technology can wait.

Julien : Je crois que c'est important que les enfants apprennent à utiliser les outils numériques le plus tôt possible. Le monde d'aujourd'hui est entièrement connecté, et maîtriser les technologies est une compétence indispensable. Les priver d'accès aux téléphones et aux ordinateurs, c'est risquer de les laisser en retard par rapport aux autres.

Julien: I think it's important for children to learn how to use digital tools as early as possible. Today's world is fully connected, and mastering technology is an essential skill. Depriving them of access to phones and computers risks leaving them behind compared to others.

Sarah : Je ne suis pas contre la technologie en soi, mais je pense que les enfants ont besoin de développer d'autres compétences avant de se plonger dans le numérique. Les livres, par exemple, favorisent la concentration, l'imagination et la réflexion critique. Et puis, les activités physiques, comme le sport, sont essentielles pour leur bien-être et leur développement social.

Sarah: I'm not against technology in itself, but I think children need to develop other skills before diving into the digital world. Books, for example, foster concentration, imagination, and critical thinking. And physical activities, like sports, are essential for their well-being and social development.

Julien : Je suis d'accord que la lecture et le sport sont importants, mais pourquoi les opposer à la technologie ? Les enfants peuvent très bien faire les deux. Il ne s'agit pas de remplacer les livres par les écrans, mais de leur donner un accès équilibré à tous les outils qui leur permettront de grandir dans un monde moderne. Le problème, ce n'est pas la technologie en elle-même, mais la manière dont elle est utilisée.

Julien: I agree that reading and sports are important, but why oppose them to technology? Children can easily do both. It's not about replacing books with screens, but about giving them balanced access to all the tools that will help them grow in a modern world. The issue isn't technology itself, but how it's used.

Sarah : Peut-être, mais il y a de plus en plus d'études qui montrent que l'exposition aux écrans chez les enfants peut avoir des effets négatifs sur leur développement, notamment en termes de concentration et de gestion des émotions. Ils deviennent vite dépendants des écrans, et cela affecte même leur sommeil. C'est pour ça que je préfère les encourager à passer plus de temps dehors, à lire et à jouer avec d'autres enfants.

Sarah: Maybe, but there are more and more studies showing that exposure to screens in children can have negative effects on their development, particularly in terms of concentration and emotional regulation. They quickly become dependent on screens, and it even affects their sleep. That's why I prefer encouraging them to spend more time outside, reading, and playing with other children.

Julien : C'est vrai qu'il y a des risques d'abus, mais ce n'est pas une raison pour bannir totalement les écrans. Il faut simplement imposer des limites et encadrer leur usage. En plus, les ordinateurs et les téléphones offrent des opportunités d'apprentissage incroyables. Il existe des applications éducatives, des vidéos pédagogiques, des cours en ligne... Autant de ressources qui peuvent compléter l'éducation traditionnelle.

Julien: It's true there are risks of overuse, but that's no reason to ban screens entirely. We just need to set limits and supervise their use. Plus, computers and phones offer incredible learning opportunities. There are educational apps, instructional videos, online courses... All these resources can complement traditional education.

Sarah : C'est justement ça qui me dérange. Les enfants passent déjà beaucoup de temps à l'école devant des tableaux interactifs et des ordinateurs. À la maison, je crois qu'ils devraient se déconnecter un peu et se plonger dans un bon livre ou aller courir dehors. Ils ont besoin de temps loin des écrans pour développer leur créativité et leurs capacités physiques.

Sarah: That's exactly what bothers me. Children already spend a lot of time at school in front of interactive boards and computers. At home, I think they should disconnect a bit and dive into a good book or go running outside. They need time away from screens to develop their creativity and physical abilities.

Julien : Je comprends, mais tu ne crois pas que la technologie fait aussi partie de la créativité aujourd'hui ? Les enfants peuvent apprendre à coder, à créer des vidéos, à dessiner numériquement. La technologie peut être un excellent moyen d'exprimer leur créativité, tout comme le sport ou l'art traditionnel. Il faut juste leur montrer comment utiliser ces outils de manière constructive.

Julien: I understand, but don't you think technology is also part of creativity today? Children can learn to code, create videos, or draw digitally. Technology can be an excellent way to express their creativity, just like sports or traditional art. We just need to show them how to use these tools constructively.

Sarah : Oui, mais tous les enfants ne l'utilisent pas de manière constructive. Beaucoup passent des heures sur des jeux vidéo ou sur des réseaux sociaux, et cela les isole. Ils n'interagissent plus vraiment avec les autres, et je crains que cela n'ait un impact sur leurs compétences sociales à long terme. Les enfants devraient passer plus de temps dans le monde réel que dans le monde virtuel.

Sarah: Yes, but not all children use it constructively. Many spend hours on video games or social media, and it isolates them. They don't really interact with others anymore, and I fear this will impact their social skills in the long term. Children should spend more time in the real world than in the virtual one.

Julien : C'est un vrai danger, je suis d'accord, mais encore une fois, je crois que cela dépend de l'encadrement des parents. Il ne faut pas laisser les enfants seuls face aux écrans, mais plutôt les guider et les encourager à utiliser la technologie de manière intelligente. Les écrans font partie de la réalité moderne, et les en priver complètement risque de les désavantager à l'avenir.

Julien: That's a real danger, I agree, but again, I think it depends on parental supervision. We shouldn't leave children alone with screens, but guide them and encourage them to use technology wisely. Screens are part of modern reality, and completely depriving them of it could disadvantage them in the future.

Sarah : Je ne dis pas qu'il faut les en priver totalement, mais il y a un âge pour tout. Je pense qu'avant un certain âge, les enfants n'ont pas besoin de téléphones ou d'ordinateurs. Ils ont besoin d'explorer le monde avec leurs propres yeux, de toucher, de sentir, d'expérimenter par eux-mêmes. Ce n'est que plus tard, quand ils sont capables de comprendre les limites, qu'on peut les introduire aux technologies numériques.

Sarah: I'm not saying we should totally deprive them, but there's an age for everything. I think that before a certain age, children don't need phones or computers. They need to explore the world with their own eyes, to touch, feel, and experiment for themselves.

Only later, when they can understand limits, should we introduce them to digital technologies.

Julien : Je comprends ton point de vue, mais le problème, c'est que les technologies sont déjà omniprésentes. Les enfants y sont confrontés très tôt, que ce soit à l'école, chez leurs amis, ou même à la maison avec leurs parents. Si on attend trop, ils risquent de ne pas savoir comment gérer ces outils de manière responsable. Autant leur apprendre dès le départ à en faire bon usage.

Julien: I understand your point of view, but the problem is that technology is already everywhere. Children encounter it early on, whether at school, with friends, or even at home with their parents. If we wait too long, they might not learn how to manage these tools responsibly. Better to teach them from the start how to use it well.

Sarah : Peut-être, mais je continue de penser que les livres et les activités physiques devraient être au centre de l'éducation des jeunes enfants. Rien ne remplace le plaisir de lire un bon roman ou de courir dehors avec des amis. C'est dans ces moments-là qu'ils apprennent des valeurs importantes, comme la patience, la persévérance, et le travail d'équipe. Je ne suis pas sûre que les écrans puissent leur apporter ça.

Sarah: Maybe, but I still think that books and physical activities should be at the centre of young children's education. Nothing replaces the joy of reading a good novel or running outside with friends. It's in those moments that they learn important values like patience, perseverance, and teamwork. I'm not sure screens can offer them that.

Julien : Tu as raison, le sport et la lecture ont des vertus indéniables. Mais je crois qu'on peut aussi tirer des enseignements précieux du numérique, notamment en matière de résolution de problèmes, de créativité, et même de collaboration en ligne. Ce n'est pas tout noir ou tout blanc. Il faut simplement trouver un juste milieu entre ces différents types d'apprentissages.

Julien: You're right, sports and reading have undeniable benefits. But I also believe we can gain valuable lessons from the digital world, particularly in problem-solving, creativity, and even online collaboration. It's not all black and white. We just need to find the right balance between these different types of learning.

Sarah : Je suis d'accord qu'il faut un équilibre, mais je pense qu'il est de notre responsabilité, en tant qu'adultes, de protéger les enfants des excès de la technologie. Les écrans sont conçus pour capter leur attention de manière addictive, et ils n'ont pas encore les outils pour s'en détacher seuls. Il faut leur offrir d'autres alternatives plus saines avant de les plonger dans le monde numérique.

Sarah: I agree we need balance, but I think it's our responsibility as adults to protect children from the excesses of technology. Screens are designed to capture their attention in an addictive way, and they don't yet have the tools to detach themselves. We need to offer them healthier alternatives before immersing them in the digital world.

Julien : C'est vrai que l'aspect addictif est un danger réel, et il ne faut pas sous-estimer son impact. Mais je crois que l'éducation à la technologie est justement la meilleure façon de leur apprendre à gérer cet aspect. Si on les initie tôt, de manière contrôlée et encadrée, ils seront mieux équipés pour faire face à ces dangers plus tard, quand ils auront accès aux écrans de manière plus autonome.

Julien: It's true that the addictive aspect is a real danger, and we shouldn't underestimate its impact. But I believe educating them about technology is the best way to teach them how to handle this aspect. If we introduce it early, in a controlled and supervised way, they'll be better equipped to face these dangers later, when they have more autonomous access to screens.

Sarah : Peut-être, mais je continue de penser que la priorité devrait être donnée aux activités hors ligne, au moins dans les premières années. Les livres, le sport, les jeux créatifs, tout cela permet aux enfants de grandir avec un esprit critique et une capacité à se concentrer, des compétences qui sont souvent affaiblies par l'exposition prolongée aux écrans.

Sarah: Maybe, but I still believe that priority should be given to offline activities, at least in the early years. Books, sports, creative play – all of this helps children grow with critical thinking and the ability to concentrate, skills that are often weakened by prolonged exposure to screens.

Julien : C'est une bonne idée, mais je crois que la technologie peut justement renforcer ces compétences si elle est bien utilisée. Ce n'est pas une question d'abandonner les livres ou le sport, mais de les compléter avec des outils numériques qui permettent aux enfants d'apprendre différemment et de se préparer au monde de demain, qui sera forcément numérique.

Julien: That's a good point, but I believe technology can actually strengthen those skills if used properly. It's not about abandoning books or sports, but about complementing them with digital tools that help children learn differently and prepare for tomorrow's world, which will inevitably be digital.

Sarah : On est d'accord sur un point : l'équilibre est la clé. Mais je crois que, pour bien les préparer au futur, on doit d'abord leur offrir des bases solides hors des écrans, dans la réalité physique, avant de les plonger dans le monde virtuel.

Sarah: We agree on one thing: balance is key. But I believe that, to prepare them well for the future, we must first provide them with strong foundations outside of screens, in the physical reality, before immersing them in the virtual world.

Évasion fiscale vs. gaspillage et détournement de fonds publics par les politiciens : Un débat sur la responsabilité et la justice

Julie : Tu penses vraiment que l'évasion fiscale est le principal problème ? Franchement, quand on voit comment les politiciens gaspillent et détournent l'argent public, je comprends que certains cherchent à ne plus payer d'impôts.

Julie: Do you really think tax evasion is the main problem? Honestly, when you see how politicians waste and embezzle public money, I understand why some people try to avoid paying taxes.

Martin : Je comprends ta frustration, mais l'évasion fiscale reste un problème énorme. Si tout le monde faisait comme ceux qui cachent leur argent à l'étranger, il n'y aurait plus de services publics. Les écoles, les hôpitaux, les routes... tout ça est financé par nos impôts. L'évasion fiscale, c'est voler la société.

Martin: I understand your frustration, but tax evasion is still a huge problem. If everyone did like those who hide their money abroad, there would be no public services. Schools, hospitals, roads... all of that is funded by our taxes. Tax evasion is stealing from society.

Julie : Je suis d'accord que les impôts sont nécessaires, mais quand on voit comment cet argent est utilisé, ça donne envie de le garder pour soi. Entre les projets inutiles, le gaspillage à tous les niveaux et les affaires de corruption, on a du mal à croire que l'argent est bien géré. Pourquoi devrions-nous payer pour des politiciens qui s'en mettent plein les poches ?

Julie: I agree that taxes are necessary, but when you see how the money is used, it makes you want to keep it for yourself. Between useless projects, waste at every level, and corruption scandals, it's hard to believe the money is being managed properly. Why should we pay for politicians lining their own pockets?

Martin : C'est vrai qu'il y a des problèmes de gestion et de corruption, mais ce n'est pas une raison pour justifier l'évasion fiscale. Ce sont deux choses différentes. L'un n'excuse pas l'autre. Les citoyens doivent payer des impôts, c'est la base du contrat social. En revanche, il faut exiger plus de transparence et de responsabilité de la part des politiciens.

Martin: It's true there are management and corruption issues, but that doesn't justify tax evasion. They're two different things. One doesn't excuse the other. Citizens must pay taxes, that's the foundation of the social contract. However, we should demand more transparency and accountability from politicians.

Julie : Oui, mais ça fait des années qu'on parle de transparence et de responsabilité, et pourtant, rien ne change. Chaque année, on découvre de nouveaux scandales : des élus qui détournent des fonds, des projets inutiles qui coûtent des millions, et personne n'est jamais vraiment tenu responsable. Dans ce contexte, je comprends que des entreprises ou des particuliers ne veuillent plus contribuer.

Julie: Yes, but we've been talking about transparency and accountability for years, yet nothing changes. Every year, we hear of new scandals: officials embezzling funds, useless projects costing millions, and no one is ever really held accountable. In this context, I understand why companies or individuals don't want to contribute anymore.

Martin : Mais si tout le monde commence à penser comme ça, c'est la fin de la solidarité. Les riches qui pratiquent l'évasion fiscale ont déjà accès à des services privés : cliniques, écoles, etc. Mais pour le reste de la population, ce sont les services publics qui comptent. Moins on finance ces services, plus la société devient inégalitaire. L'évasion fiscale creuse encore plus l'écart entre les riches et les pauvres.

Martin: But if everyone starts thinking that way, it's the end of solidarity. The rich who evade taxes already have access to private services: clinics, schools, etc. But for the rest of the population, it's public services that matter. The less we fund these services, the more unequal society becomes. Tax evasion widens the gap between the rich and the poor even further.

Julie : Je suis d'accord sur le principe, mais ce qui me dérange, c'est qu'on demande toujours plus aux citoyens ordinaires, alors que les politiciens continuent de dilapider les ressources publiques. On nous parle de faire des efforts, de payer plus d'impôts pour sauver le système, pendant que certains élus vivent dans le luxe avec notre argent. C'est là que le bât blesse.

Julie: I agree in principle, but what bothers me is that we're always asking more from ordinary citizens, while politicians continue to squander public resources. We're told to make efforts, pay more taxes to save the system, while some officials live in luxury with our money. That's where it hurts.

Martin : Tu as raison de dire qu'il y a un problème de gouvernance, mais je pense qu'on peut et qu'on doit faire les deux : lutter contre l'évasion fiscale et exiger des comptes des politiciens. Ce n'est pas en justifiant l'évasion fiscale qu'on va régler le problème du gaspillage public. Au contraire, ça affaiblit encore plus l'État et les services qu'il peut offrir.

Martin: You're right to say there's a governance problem, but I think we can and should do both: fight tax evasion and hold politicians accountable. Justifying tax evasion won't solve the problem of public waste. On the contrary, it weakens the state and the services it can provide even more.

Julie : Mais à quoi bon payer si cet argent est mal utilisé ? Regarde les grands projets inutiles, comme ces infrastructures qui ne servent à rien et qui finissent par coûter des milliards. On nous impose des taxes toujours plus lourdes, alors que ces fonds sont détournés ou mal gérés. Avant de réclamer plus d'impôts, l'État devrait d'abord faire le ménage chez lui.

Julie: But what's the point of paying if the money is misused? Look at the big useless projects, like those infrastructures that serve no purpose and end up costing billions. We're being hit with heavier and heavier taxes while these funds are embezzled or mismanaged. Before demanding more taxes, the state should first clean up its own house.

Martin : Je suis tout à fait d'accord sur le fait que l'État doit mieux gérer l'argent public. Mais cela ne veut pas dire que l'évasion fiscale devient acceptable. C'est un cercle vicieux : plus il y a d'évasion fiscale, moins il y a d'argent pour les services publics, et plus le système s'effondre. Les politiciens doivent être tenus responsables, mais cela ne doit pas devenir une excuse pour que chacun fasse ce qu'il veut.

Martin: I completely agree that the state must manage public money better. But that doesn't mean tax evasion becomes acceptable. It's a vicious circle: the more tax evasion there is, the less money there is for public services, and the more the system collapses. Politicians must be held accountable, but that shouldn't become an excuse for everyone to do as they please.

Julie : Le problème, c'est que les riches et les grandes entreprises s'en sortent toujours. Ils ont les moyens de contourner le système, de cacher leur argent dans des paradis fiscaux. Pendant ce temps, les classes moyennes et les petits entrepreneurs paient l'essentiel des impôts. C'est injuste. Et quand on voit comment cet argent est utilisé, il y a de quoi être révolté.

Julie: The problem is that the rich and big companies always get away with it. They have the means to bypass the system, to hide their money in tax havens. Meanwhile, the middle classes and small business owners pay the bulk of the taxes. It's unfair. And when you see how that money is used, it's enough to make you angry.

Martin : C'est vrai, les grandes entreprises et les ultra-riches échappent souvent aux impôts grâce à des montages financiers complexes. Mais c'est justement pour ça qu'il faut une meilleure régulation internationale et plus de coopération entre les États pour traquer l'évasion fiscale. On ne peut pas laisser les plus riches s'enrichir encore plus en échappant à leurs obligations fiscales, alors que tout le monde doit payer sa part.

Martin: That's true, big companies and the ultra-rich often avoid taxes through complex financial arrangements. But that's exactly why we need better international regulation and more cooperation between states to crack down on tax evasion. We can't let the richest get even richer by dodging their tax obligations while everyone else has to pay their share.

Julie : Mais pourquoi les politiciens ne font-ils rien de concret ? On parle souvent de lutter contre l'évasion fiscale, mais dans les faits, il n'y a pas beaucoup de progrès. Et quand on découvre des scandales de corruption ou de détournement de fonds, les sanctions sont souvent dérisoires. Tant qu'il n'y aura pas de véritable volonté politique de changer, l'évasion fiscale continuera.

Julie: But why don't politicians do anything concrete? We often talk about fighting tax evasion, but in reality, there's not much progress. And when corruption or embezzlement scandals come to light, the sanctions are often negligible. As long as there's no real political will to change, tax evasion will continue.

Martin : Je suis d'accord qu'il y a un manque de volonté politique. Mais c'est aussi parce que les politiciens sont parfois trop proches des grandes entreprises et des élites économiques. Il faut une pression citoyenne plus forte pour exiger des réformes profondes, à la fois pour lutter contre la corruption et contre l'évasion fiscale. Les deux sont liés, et on doit s'attaquer à ces problèmes ensemble.

Martin: I agree there's a lack of political will. But it's also because politicians are sometimes too close to big companies and economic elites. We need stronger public pressure to demand deep reforms, both to fight corruption and tax evasion. The two are connected, and we need to tackle these problems together.

Julie : Tu as raison, mais j'ai du mal à croire que les choses changeront vraiment. Les politiciens protègent leurs propres intérêts, et ceux qui cherchent à éviter les impôts continueront à trouver des moyens de le faire. En attendant, c'est toujours le citoyen lambda qui trinque. Peut-être qu'il faudrait revoir entièrement le système fiscal, pour qu'il soit plus juste et plus transparent.

Julie: You're right, but I find it hard to believe things will really change. Politicians protect their own interests, and those trying to avoid taxes will continue to find ways to do so. Meanwhile, it's always the ordinary citizen who suffers. Maybe we should completely overhaul the tax system to make it fairer and more transparent.

Martin : Je pense que la réforme du système fiscal est nécessaire, c'est sûr. Il faut simplifier les impôts, rendre le système plus équitable, et surtout, punir plus sévèrement l'évasion fiscale et la corruption politique. Si les gens voyaient que leur argent est bien utilisé, ils accepteraient mieux de payer des impôts. Le problème, c'est la perte de confiance dans le système, et ça, c'est quelque chose qu'on peut changer.

Martin: I think tax reform is necessary, no doubt. We need to simplify taxes, make the system fairer, and most importantly, punish tax evasion and political corruption more severely. If people saw that their money was being used well, they'd be more willing to pay taxes. The problem is the loss of trust in the system, and that's something we can change.

Julie : Oui, c'est une question de confiance. Tant qu'on aura l'impression que notre argent est mal géré ou volé par les élites, les citoyens ne voudront plus contribuer. Il faut absolument rétablir cette confiance, sinon, l'évasion fiscale continuera d'augmenter, et on assistera à une vraie fracture entre ceux qui peuvent contourner le système et ceux qui en subissent les conséquences.

Julie: Yes, it's a matter of trust. As long as people feel their money is being mismanaged or stolen by the elites, citizens won't want to contribute anymore. We absolutely need to restore that trust, or tax evasion will continue to rise, and we'll see a real divide between those who can bypass the system and those who suffer the consequences.

Martin : Exactement. L'évasion fiscale et la corruption des politiciens sont deux faces d'une même pièce. Si on veut que le système fonctionne, il faut s'attaquer aux deux avec la même détermination. C'est en restaurant la justice fiscale et en punissant sévèrement les abus que l'on pourra garantir un système plus équitable pour tous.

Martin: Exactly. Tax evasion and political corruption are two sides of the same coin. If we want the system to work, we need to tackle both with the same determination. By restoring tax justice and severely punishing abuses, we can ensure a fairer system for everyone.

Learn French with Adventures

Paperback: **ISBN:**9798227245670

Ebook: **ISBN:**9798227632821

More French readers, books and ebook options on

www.briansmith.de

www.ingramcontent.com/pod-product-compliance
Lightning Source LLC
LaVergne TN
LVHW010055170826
845678LV00012B/2146